TRANZLATY

El idioma es para todos

Jezik je za vse

El llamado de lo salvaje

Klic divjine

Jack London

Español / Slovenščina

Hacia lo primitivo
V primitivno

Buck no leía los periódicos.
Buck ni bral časopisov.
Si hubiera leído los periódicos habría sabido que se avecinaban problemas.
Če bi bral časopise, bi vedel, da se pripravljajo težave.
Hubo problemas, no sólo para él sino para todos los perros de la marea.
Težave niso bile samo zanj, ampak za vsakega psa, ki je živel v plimni vodi.
Todo perro con músculos fuertes y pelo largo y cálido iba a estar en problemas.
Vsak pes, močan v mišicah in s toplo, dolgo dlako, bi bil v težavah.
Desde Puget Bay hasta San Diego ningún perro podía escapar de lo que se avecinaba.
Od Puget Baya do San Diega se noben pes ni mogel izogniti temu, kar je prihajalo.
Los hombres, a tientas en la oscuridad del Ártico, encontraron un metal amarillo.
Moški, ki so tipali v arktični temi, so našli rumeno kovino.
Las compañías navieras y de transporte iban en busca del descubrimiento.
Parniki in transportna podjetja so zasledovala odkritje.
Miles de hombres se precipitaron hacia el norte.
Na tisoče mož je hitelo v Severno deželo.
Estos hombres querían perros, y los perros que querían eran perros pesados.
Ti možje so si želeli pse, in psi, ki so si jih želeli, so bili težki psi.
Perros con músculos fuertes para trabajar.
Psi z močnimi mišicami, s katerimi se lahko trudijo.
Perros con abrigos peludos para protegerlos de las heladas.
Psi s kosmatim kožuhom, ki jih ščiti pred zmrzaljo.

Buck vivía en una casa grande en el soleado valle de Santa Clara.

Buck je živel v veliki hiši v sončni dolini Santa Clara.

El lugar del juez Miller, se llamaba su casa.

Sodnikova hiša, tako se je imenovala.

Su casa estaba apartada de la carretera, medio oculta entre los árboles.

Njegova hiša je stala umaknjena od ceste, napol skrita med drevesi.

Se podían ver destellos de la amplia terraza que rodeaba la casa.

Videti je bilo mogoče široko verando, ki se razteza okoli hiše.

Se accedía a la casa mediante caminos de grava.

Do hiše so vodili gramozni dovozi.

Los caminos serpenteaban a través de amplios prados.

Poti so se vile skozi široko razprostirajoče se travnike.

Allá arriba se veían las ramas entrelazadas de altos álamos.

Nad njimi so se prepletale veje visokih topolov.

En la parte trasera de la casa las cosas eran aún más espaciosas.

V zadnjem delu hiše je bilo še bolj prostorno.

Había grandes establos, donde una docena de mozos de cuadra charlaban.

Bili so veliki hlevi, kjer se je klepetalo ducat ženinov

Había hileras de casas de servicio cubiertas de enredaderas.

Bile so vrste hišic za služinčad, odetih z vinsko trto

Y había una interminable y ordenada serie de letrinas.

In tam je bila neskončna in urejena vrsta stranišč

Largos parrales, verdes pastos, huertos y campos de bayas.

Dolgi vinogradi, zeleni pašniki, sadovnjaki in jagodičevje.

Luego estaba la planta de bombeo del pozo artesiano.

Potem je bila tu še črpalna naprava za arteški vodnjak.

Y allí estaba el gran tanque de cemento lleno de agua.

In tam je bil velik cementni rezervoar, napolnjen z vodo.

Aquí los muchachos del juez Miller dieron su chapuzón matutino.

Tukaj so se fantje sodnika Millerja zjutraj potopili v vodo.

Y allí también se refrescaron en la calurosa tarde.
In tudi tam so se ohladili v vročem popoldnevu.
Y sobre este gran dominio, Buck era quien lo gobernaba todo.
In nad to veliko domeno je bil Buck tisti, ki je vladal vsemu.
Buck nació en esta tierra y vivió aquí todos sus cuatro años.
Buck se je rodil na tej zemlji in tukaj živel vsa svoja štiri leta.
Efectivamente había otros perros, pero realmente no importaban.
Res so bili še drugi psi, vendar niso bili zares pomembni.
En un lugar tan vasto como éste se esperaban otros perros.
Na tako ogromnem kraju so pričakovali tudi druge pse.
Estos perros iban y venían, o vivían dentro de las concurridas perreras.
Ti psi so prihajali in odhajali ali pa so živeli v živahnih pesjakih.
Algunos perros vivían escondidos en la casa, como Toots e Ysabel.
Nekateri psi so živeli skriti v hiši, kot sta Toots in Ysabel.
Toots era un pug japonés, Ysabel una perra mexicana sin pelo.
Toots je bil japonski mops, Ysabel pa mehiška gola psica.
Estas extrañas criaturas rara vez salían de la casa.
Ta čudna bitja so le redko stopila iz hiše.
No tocaron el suelo ni olieron el aire libre del exterior.
Niso se dotaknili tal niti vohali odprtega zraka zunaj.
También estaban los fox terriers, al menos veinte en número.
Bili so tudi foksterierji, vsaj dvajset jih je bilo.
Estos terriers le ladraron ferozmente a Toots y a Ysabel dentro de la casa.
Ti terierji so v zaprtih prostorih divje lajali na Tootsa in Ysabel.
Toots e Ysabel se quedaron detrás de las ventanas, a salvo de todo daño.
Toots in Ysabel sta ostala za okni, varna pred nevarnostjo.
Estaban custodiados por criadas con escobas y trapeadores.
Varovale so jih gospodinjske pomočnice z metlami in krpami.
Pero Buck no era un perro de casa ni tampoco de perrera.

Ampak Buck ni bil hišni pes in tudi ni bil pes za pse.

Toda la propiedad pertenecía a Buck como su legítimo reino.

Celotno posestvo je pripadalo Bucku kot njegovo zakonito kraljestvo.

Buck nadaba en el tanque o salía a cazar con los hijos del juez.

Buck je plaval v akvariju ali pa je hodil na lov s sodnikovimi sinovi.

Caminaba con Mollie y Alice temprano o tarde.

Z Mollie in Alice se je sprehajal v zgodnjih ali poznih urah.

En las noches frías yacía junto al fuego de la biblioteca con el juez.

V hladnih nočeh je ležal s sodnikom pred kaminom v knjižnici.

Buck llevaba a los nietos del juez en su fuerte espalda.

Buck je na svojem močnem hrbtu vozil sodnikove vnuke.

Se revolcó en el césped con los niños, vigilándolos de cerca.

Valjal se je po travi s fanti in jih skrbno stražil.

Se aventuraron hasta la fuente e incluso pasaron por los campos de bayas.

Podali so se do vodnjaka in celo mimo jagodnih polj.

Entre los fox terriers, Buck caminaba siempre con orgullo real.

Med foxterierji je Buck vedno hodil s kraljevskim ponosom.

Él ignoró a Toots y Ysabel, tratándolos como si fueran aire.

Tootsa in Ysabel je ignoriral in ju obravnaval, kot da bi bila zrak.

Buck reinaba sobre todas las criaturas vivientes en la tierra del juez Miller.

Buck je vladal vsem živim bitjem na zemlji sodnika Millerja.

Él gobernaba a los animales, a los insectos, a los pájaros e incluso a los humanos.

Vladal je živalim, žuželkam, pticam in celo ljudem.

El padre de Buck, Elmo, había sido un San Bernardo enorme y leal.

Buckov oče Elmo je bil ogromen in zvest bernard.

Elmo nunca se apartó del lado del juez y le sirvió fielmente.

Elmo ni nikoli zapustil sodnikove strani in mu je zvesto služil.

Buck parecía dispuesto a seguir el noble ejemplo de su padre.

Zdelo se je, da je Buck pripravljen slediti očetovemu plemenitemu zgledu.

Buck no era tan grande: pesaba ciento cuarenta libras.

Buck ni bil tako velik, tehtal je sto štirideset funtov.

Su madre, Shep, había sido una excelente perra pastor escocesa.

Njegova mama, Shep, je bila odlična škotska ovčarka.

Pero incluso con ese peso, Buck caminaba con presencia majestuosa.

Toda tudi pri tej teži je Buck hodil s kraljevsko prezenco.

Esto fue gracias a la buena comida y al respeto que siempre recibió.

To je izhajalo iz dobre hrane in spoštovanja, ki ga je vedno prejemal.

Durante cuatro años, Buck había vivido como un noble mimado.

Štiri leta je Buck živel kot razvajen plemič.

Estaba orgulloso de sí mismo y hasta era un poco egoísta.

Bil je ponosen nase in celo rahlo egoističen.

Ese tipo de orgullo era común entre los señores de países remotos.

Takšna vrsta ponosa je bila pogosta med oddaljenimi podeželskimi gospodi.

Pero Buck se salvó de convertirse en un perro doméstico mimado.

Toda Buck se je rešil pred tem, da bi postal razvajen hišni pes.

Se mantuvo delgado y fuerte gracias a la caza y el ejercicio.

Z lovom in vadbo je ostal vitek in močan.

Amaba profundamente el agua, como la gente que se baña en lagos fríos.

Globoko je ljubil vodo, tako kot ljudje, ki se kopajo v hladnih jezerih.

Este amor por el agua mantuvo a Buck fuerte y muy saludable.

Ta ljubezen do vode je Bucka ohranjala močnega in zelo zdravega.

Éste era el perro en que se había convertido Buck en el otoño de 1897.

To je bil pes, v katerega se je Buck spremenil jeseni 1897.

Cuando la huelga de Klondike arrastró a los hombres hacia el gélido Norte.

Ko je napad na Klondike potegnil moške na zamrznjeni sever.

La gente acudió en masa desde todos los rincones del mundo hacia aquella tierra fría.

Ljudje so se z vsega sveta zgrinjali v mrzlo deželo.

Buck, sin embargo, no leía los periódicos ni entendía las noticias.

Buck pa ni bral časopisov niti ni razumel novic.

Él no sabía que Manuel era un mal hombre con quien estar.

Ni vedel, da je Manuelova slaba družba.

Manuel, que ayudaba en el jardín, tenía un problema profundo.

Manuel, ki je pomagal na vrtu, je imel velik problem.

Manuel era adicto al juego de la lotería china.

Manuel je bil zasvojen z igrami na srečo v kitajski loteriji.

También creía firmemente en un sistema fijo para ganar.

Prav tako je trdno verjel v fiksni sistem za zmagovanje.

Esa creencia hizo que su fracaso fuera seguro e inevitable.

Zaradi tega prepričanja je bil njegov neuspeh gotov in neizogiben.

Jugar con un sistema exige dinero, del que Manuel carecía.

Igranje sistema zahteva denar, ki ga Manuelu ni bilo.

Su salario apenas alcanzaba para mantener a su esposa y a sus numerosos hijos.

Njegova plača je komaj preživljala ženo in številne otroke.

La noche en que Manuel traicionó a Buck, las cosas estaban normales.

Tisto noč, ko je Manuel izdal Bucka, je bilo vse normalno.

El juez estaba en una reunión de la Asociación de Productores de Pasas.

Sodnik je bil na srečanju Združenja pridelovalcev rozin.

Los hijos del juez estaban entonces ocupados formando un club atlético.

Sodnikova sinova sta bila takrat zaposlena z ustanovitvijo atletskega kluba.

Nadie vio a Manuel y Buck salir por el huerto.

Nihče ni videl Manuela in Bucka odhajati skozi sadovnjak.

Buck pensó que esta caminata era simplemente un simple paseo nocturno.

Buck je mislil, da je ta sprehod le preprost nočni sprehod.

Se encontraron con un solo hombre en la estación de la bandera, en College Park.

Na postaji za zastave v College Parku so srečali le enega moškega.

Ese hombre habló con Manuel y intercambiaron dinero.

Ta mož je govoril z Manuelom in zamenjala sta denar.

"Envuelva la mercancía antes de entregarla", sugirió.

»Zavij blago, preden ga dostaviš,« je predlagal.

La voz del hombre era áspera e impaciente mientras hablaba.

Moški je govoril hrapav in nepotrpežljiv glas.

Manuel ató cuidadosamente una cuerda gruesa alrededor del cuello de Buck.

Manuel je Bucku previdno zavezal debelo vrv okoli vratu.

"Si retuerces la cuerda, lo estrangularás bastante"

"Zasukaj vrv in ga boš precej zadavil."

El extraño emitió un gruñido, demostrando que entendía bien.

Neznanec je zamrmral, kar je pokazalo, da dobro razume.

Buck aceptó la cuerda con calma y tranquila dignidad ese día.

Buck je tisti dan sprejel vrv mirno in tiho dostojanstveno.

Fue un acto inusual, pero Buck confiaba en los hombres que conocía.

Bilo je nenavadno dejanje, toda Buck je zaupal možem, ki jih je poznal.

Él creía que su sabiduría iba mucho más allá de su propio pensamiento.

Verjel je, da njihova modrost daleč presega njegovo lastno razmišljanje.

Pero entonces la cuerda fue entregada a manos del extraño.

Nato pa je bila vrv izročena v roke neznanca.

Buck emitió un gruñido bajo que advertía con una amenaza silenciosa.

Buck je tiho zarenčal, kar je s tiho grožnjo pomenilo opozorilo.

Era orgulloso y autoritario y quería mostrar su descontento.

Bil je ponosen in ukazovalen ter je želel pokazati svoje nezadovoljstvo.

Buck creyó que su advertencia sería entendida como una orden.

Buck je verjel, da bodo njegovo opozorilo razumljeno kot ukaz.

Para su sorpresa, la cuerda se tensó rápidamente alrededor de su grueso cuello.

Na njegovo presenečenje se je vrv močno zategnila okoli njegovega debelega vratu.

Se quedó sin aire y comenzó a luchar con una furia repentina.

Zmanjkalo mu je zraka in v nenadni jezi se je začel boriti.

Saltó hacia el hombre, quien rápidamente se encontró con Buck en el aire.

Skočil je na moškega, ki je v zraku hitro srečal Bucka.

El hombre agarró la garganta de Buck y lo retorció hábilmente en el aire.

Moški je zgrabil Bucka za grlo in ga spretno zasukal v zraku.

Buck fue arrojado al suelo con fuerza, cayendo de espaldas.

Bucka je močno vrglo na tla in pristal je na hrbtu.

La cuerda ahora lo estrangulaba cruelmente mientras él pateaba salvajemente.

Vrv ga je zdaj kruto dušila, medtem ko je divje brcal.

Se le cayó la lengua, su pecho se agitó, pero no recuperó el aliento.

Jezik mu je izpadel, prsi so se mu dvignile, a ni mogel zadihati.

Nunca había sido tratado con tanta violencia en su vida.

Še nikoli v življenju ni bil deležen takšnega nasilja.
Tampoco nunca antes se había sentido tan lleno de furia.
Prav tako ga še nikoli ni preplavila tako globoka jeza.
Pero el poder de Buck se desvaneció y sus ojos se volvieron vidriosos.
Toda Buckova moč je zbledela in njegove oči so postale steklene.
Se desmayó justo cuando un tren se detuvo cerca.
Omedlel je ravno takrat, ko je v bližini ustavil vlak.
Luego los dos hombres lo arrojaron rápidamente al vagón de equipaje.
Nato sta ga moška hitro vrgla v prtljažni vagon.
Lo siguiente que sintió Buck fue dolor en su lengua hinchada.
Naslednja stvar, ki jo je Buck začutil, je bila bolečina v oteklem jeziku.
Se desplazaba en un carro tambaleante, apenas consciente.
Premikal se je v tresočem se vozičku, le megleno pri zavesti.
El agudo grito del silbato del tren le indicó a Buck su ubicación.
Oster krik vlakovne piščalke je Bucku povedal, kje je.
Había viajado muchas veces con el Juez y conocía esa sensación.
Pogosto je jahal s sodnikom in je poznal ta občutek.
Fue una experiencia única viajar nuevamente en un vagón de equipajes.
Spet je bil to edinstven sunek potovanja v prtljažnem vagonu.
Buck abrió los ojos y su mirada ardía de rabia.
Buck je odprl oči in njegov pogled je gorel od besa.
Esta fue la ira de un rey orgulloso destronado.
To je bila jeza ponosnega kralja, ki je bil odstavljen s prestola.
Un hombre intentó agarrarlo, pero Buck lo atacó primero.
Moški je stegnil roko, da bi ga zgrabil, toda Buck je namesto tega udaril prvi.
Hundió los dientes en la mano del hombre y la sujetó con fuerza.
Z zobmi se je zaril v moško roko in jo močno držal.

No lo soltó hasta que se desmayó por segunda vez.

Ni ga izpustil, dokler ni drugič izgubil zavesti.

—Sí, tiene ataques —murmuró el hombre al maletero.

„Ja, ima krče," je moški zamrmral prtljagarju.

El maletero había oído la lucha y se acercó.

Prtljažnik je slišal pretep in se je približal.

"Lo llevaré a Frisco para el jefe", explicó el hombre.

»Peljem ga v 'Frisco k šefu,« je pojasnil moški.

"Allí hay un buen veterinario que dice poder curarlos".

"Tam je dober pasji zdravnik, ki pravi, da jih lahko ozdravi."

Más tarde esa noche, el hombre dio su propio relato completo.

Kasneje tistega večera je moški podal svojo podrobno izjavo.

Habló desde un cobertizo detrás de un salón en los muelles.

Govoril je iz lope za saloonom na pomolu.

"Lo único que me dieron fueron cincuenta dólares", se quejó al tabernero.

»Dobil sem le petdeset dolarjev,« se je pritožil prodajalcu v saloonu.

"No lo volvería a hacer ni por mil dólares en efectivo".

"Tega ne bi ponovil, niti za tisoč dolarjev v gotovini."

Su mano derecha estaba fuertemente envuelta en un paño ensangrentado.

Njegova desna roka je bila tesno ovita v krvavo krpo.

La pernera de su pantalón estaba abierta de par en par desde la rodilla hasta el pie.

Hlačnico je imel raztrgano od kolena do peta.

—¿Cuánto le pagaron al otro tipo? —preguntó el tabernero.

„Koliko je dobil drugi vrček?" je vprašal gostilničar.

"Cien", respondió el hombre, "no aceptaría ni un centavo menos".

„Sto," je odgovoril moški, „ne bi vzel niti centa manj."

—Eso suma ciento cincuenta —dijo el tabernero.

„To pride skupaj sto petdeset," je rekel gostilničar.

"Y él lo vale todo, o no soy más que un idiota".

"In vreden je vsega, sicer nisem nič boljši od bedaka."

El hombre abrió los envoltorios para examinar su mano.

Moški je odprl ovoj, da bi si pregledal roko.

La mano estaba gravemente desgarrada y cubierta de sangre seca.

Roka je bila hudo raztrgana in prekrita s posušeno krvjo.

"Si no consigo la hidrofobia..." empezó a decir.

»Če ne dobim hidrofobije ...« je začel govoriti.

"Será porque naciste para la horca", dijo entre risas.

„To bo zato, ker si se rodil za obešanje," se je zaslišal smeh.

"Ven a ayudarme antes de irte", le pidieron.

„Pridi mi pomagat, preden greš," so ga prosili.

Buck estaba aturdido por el dolor en la lengua y la garganta.

Buck je bil omamljen od bolečine v jeziku in grlu.

Estaba medio estrangulado y apenas podía mantenerse en pie.

Bil je napol zadavljen in komaj je stal pokonci.

Aún así, Buck intentó enfrentar a los hombres que lo habían lastimado.

Vseeno se je Buck poskušal soočiti z moškimi, ki so ga tako prizadeli.

Pero lo derribaron y lo estrangularon una vez más.

Vendar so ga vrgli na tla in ga spet zadavili.

Sólo entonces pudieron quitarle el pesado collar de bronce.

Šele takrat so mu lahko odžagali težko medeninasto ovratnico.

Le quitaron la cuerda y lo metieron en una caja.

Odstranili so vrv in ga potisnili v zaboj.

La caja era pequeña y tenía la forma de una tosca jaula de hierro.

Zaboj je bil majhen in oblikovan kot groba železna kletka.

Buck permaneció allí toda la noche, lleno de ira y orgullo herido.

Buck je ležal tam vso noč, poln jeze in ranjenega ponosa.

No podía ni siquiera empezar a comprender lo que le estaba pasando.

Ni mogel začeti razumeti, kaj se mu dogaja.

¿Por qué estos hombres extraños lo mantenían en esa pequeña caja?

Zakaj so ga ti čudni možje zadrževali v tej majhni kletki?

¿Qué querían de él y por qué este cruel cautiverio?
Kaj so hoteli od njega in zakaj to kruto ujetništvo?
Sintió una presión oscura; una sensación de desastre que se acercaba.
Čutil je temen pritisk; občutek bližajoče se katastrofe.
Era un miedo vago, pero que se apoderó pesadamente de su espíritu.
Bil je nejasen strah, a močno ga je prizadel.
Saltó varias veces cuando la puerta del cobertizo vibró.
Nekajkrat je poskočil, ko so se vrata lope zatresla.
Esperaba que el juez o los muchachos aparecieran y lo rescataran.
Pričakoval je, da se bo pojavil sodnik ali fantje in ga rešili.
Pero cada vez sólo se asomaba el rostro gordo del tabernero.
A vsakič je noter pokukal le debeli obraz lastnika krčme.
El rostro del hombre estaba iluminado por el tenue resplandor de una vela de sebo.
Moški obraz je osvetljevala šibka svetloba lojne sveče.
Cada vez, el alegre ladrido de Buck cambiaba a un gruñido bajo y enojado.
Vsakič se je Buckovo veselo lajanje spremenilo v tiho, jezno renčanje.

El tabernero lo dejó solo durante la noche en el cajón.
Lastnik saluna ga je pustil samega za noč v kletki.
Pero cuando se despertó por la mañana, venían más hombres.
Ko pa se je zjutraj zbudil, je prihajalo še več mož.
Llegaron cuatro hombres y recogieron la caja con cuidado y sin decir palabra.
Prišli so štirje moški in brez besed previdno pobrali zaboj.
Buck supo de inmediato en qué situación se encontraba.
Buck je takoj vedel, v kakšnem položaju se je znašel.
Eran otros torturadores contra los que tenía que luchar y a los que tenía que temer.
Bili so nadaljnji mučitelji, s katerimi se je moral boriti in se jih bati.

Estos hombres parecían malvados, andrajosos y muy mal arreglados.

Ti moški so bili videti hudobni, razcapani in zelo slabo urejeni.

Buck gruñó y se abalanzó sobre ellos ferozmente a través de los barrotes.

Buck je zarenčal in se srdito pognal vanje skozi rešetke.

Ellos simplemente se rieron y lo golpearon con largos palos de madera.

Samo smejali so se in ga zbadali z dolgimi lesenimi palicami.

Buck mordió los palos y luego se dio cuenta de que eso era lo que les gustaba.

Buck je grizel palice, nato pa spoznal, da jim je to všeč.

Así que se quedó acostado en silencio, hosco y ardiendo de rabia silenciosa.

Tako je tiho legel, mrk in goreč od tihe jeze.

Subieron la caja a un carro y se fueron con él.

Zaboj so dvignili na voz in se z njim odpeljali.

La caja, con Buck encerrado dentro, cambiaba de manos a menudo.

Zaboj, v katerem je bil Buck zaklenjen, je pogosto menjal lastnika.

Los empleados de la oficina exprés se hicieron cargo de él y lo atendieron brevemente.

Uradniki ekspresne pisarne so prevzeli pobudo in ga na kratko obravnavali.

Luego, otro carro transportó a Buck a través de la ruidosa ciudad.

Nato je Bucka čez hrupno mesto peljal še en voz.

Un camión lo llevó con cajas y paquetes a un ferry.

Tovornjak ga je skupaj s škatlami in paketi odpeljal na trajekt.

Después de cruzar, el camión lo descargó en una estación ferroviaria.

Po prečkanju ceste ga je tovornjak raztovoril na železniški postaji.

Finalmente, colocaron a Buck dentro de un vagón expreso que lo esperaba.

Končno so Bucka posadili v čakajoči ekspresni vagon.

Durante dos días y dos noches, los trenes arrastraron el vagón expreso.

Dva dni in noči so vlaki vlekli ekspresni vagon.

Buck no comió ni bebió durante todo el doloroso viaje.

Buck med celotno bolečo potjo ni ne jedel ne pil.

Cuando los mensajeros expresos intentaron acercarse a él, gruñó.

Ko so se mu hitri sli poskušali približati, je zarenčal.

Ellos respondieron burlándose de él y molestándolo cruelmente.

Odgovorili so tako, da so se mu posmehovali in ga kruto dražili.

Buck se arrojó contra los barrotes, echando espuma y temblando.

Buck se je vrgel na rešetke, penil se je in tresel

Se rieron a carcajadas y se burlaron de él como matones del patio de la escuela.

Glasno so se smejali in se mu posmehovali kot šolski nasilneži.

Ladraban como perros de caza y agitaban los brazos.

Lajali so kot lažni psi in mahali z rokami.

Incluso cantaron como gallos sólo para molestarlo más.

Celo peti so kot petelini, samo da bi ga še bolj razburili.

Fue un comportamiento tonto y Buck sabía que era ridículo.

To je bilo neumno vedenje in Buck je vedel, da je smešno.

Pero eso sólo profundizó su sentimiento de indignación y vergüenza.

A to je le še poglobilo njegov občutek ogorčenja in sramu.

Durante el viaje no le molestó mucho el hambre.

Med potovanjem ga lakota ni preveč motila.

Pero la sed traía consigo un dolor agudo y un sufrimiento insoportable.

Toda žeja je prinašala ostro bolečino in neznosno trpljenje.

Su garganta y lengua secas e inflamadas ardían de calor.

Suho, vneto grlo in jezik sta ga pekla od vročine.

Este dolor alimentó la fiebre que crecía dentro de su orgulloso cuerpo.

Ta bolečina je hranila vročino, ki je naraščala v njegovem ponosnem telesu.

Buck estuvo agradecido por una sola cosa durante esta prueba.

Buck je bil med tem sojenjem hvaležen za eno samo stvar.

Le habían quitado la cuerda que le rodeaba el grueso cuello.

Vrv mu je bila odstranjena z debelega vratu.

La cuerda había dado a esos hombres una ventaja injusta y cruel.

Vrv je tem možem dala nepošteno in kruto prednost.

Ahora la cuerda había desaparecido y Buck juró que nunca volvería.

Zdaj vrvi ni bilo več in Buck je prisegel, da se ne bo nikoli vrnila.

Decidió que nunca más volvería a pasarle una cuerda al cuello.

Odločil se je, da mu nobena vrv ne bo nikoli več ovila vratu.

Durante dos largos días y noches sufrió sin comer.

Dva dolga dneva in noči je trpel brez hrane.

Y en esas horas se fue acumulando en su interior una rabia enorme.

In v teh urah je v sebi nabral ogromno besa.

Sus ojos se volvieron inyectados en sangre y salvajes por la ira constante.

Njegove oči so od nenehne jeze postale krvave in divje.

Ya no era Buck, sino un demonio con mandíbulas chasqueantes.

Ni bil več Buck, temveč demon s šljaščečimi čeljustmi.

Ni siquiera el juez habría reconocido a esta loca criatura.

Celo sodnik ne bi prepoznal tega norega bitja.

Los mensajeros exprés suspiraron aliviados cuando llegaron a Seattle.

Hitri sli so si olajšano vzdihnili, ko so prispeli v Seattle

Cuatro hombres levantaron la caja y la llevaron a un patio trasero.

Štirje moški so dvignili zaboj in ga prinesli na dvorišče.

El patio era pequeño, rodeado de muros altos y sólidos.

Dvorišče je bilo majhno, obdano z visokimi in trdnimi zidovi.

Un hombre corpulento salió con una camisa roja holgada.

Ven je stopil velik moški v povešeni rdeči puloverski srajci.

Firmó el libro de entrega con letra gruesa y atrevida.

Z debelo in krepko roko se je podpisal v dobavnico.

Buck sintió de inmediato que este hombre era su próximo torturador.

Buck je takoj začutil, da je ta moški njegov naslednji mučitelj.

Se abalanzó violentamente contra los barrotes, con los ojos rojos de furia.

Z rdečimi od besa očmi se je silovito pognal proti rešetkam.

El hombre simplemente sonrió oscuramente y fue a buscar un hacha.

Moški se je le mračno nasmehnil in šel po sekiro.

También traía un garrote en su gruesa y fuerte mano derecha.

V svoji debeli in močni desnici je prinesel tudi palico.

"¿Vas a sacarlo ahora?" preguntó preocupado el conductor.

„Ga boš zdaj peljal ven?" je zaskrbljeno vprašal voznik.

—Claro —dijo el hombre, metiendo el hacha en la caja a modo de palanca.

„Seveda," je rekel moški in zataknil sekiro v zaboj kot vzvod.

Los cuatro hombres se dispersaron instantáneamente y saltaron al muro del patio.

Štirje moški so se v trenutku razbežali in poskočili na dvoriščni zid.

Desde sus lugares seguros arriba, esperaban para observar el espectáculo.

Z varnih mest zgoraj so čakali, da si ogledajo spektakel.

Buck se abalanzó sobre la madera astillada, mordiéndola y sacudiéndola ferozmente.

Buck se je pognal na razcepljen les, grizel in se silovito tresel.

Cada vez que el hacha golpeaba la jaula, Buck estaba allí para atacarla.

Vsakič, ko je sekira zadela kletko, jo je Buck napadel.

Gruñó y chasqueó los dientes con furia salvaje, ansioso por ser liberado.

Z divjo jezo je zarenčal in zagrizel, željan, da bi ga izpustili.

El hombre que estaba afuera estaba tranquilo y firme, concentrado en su tarea.

Moški zunaj je bil miren in stabilen, osredotočen na svojo nalogo.

"Muy bien, demonio de ojos rojos", dijo cuando el agujero fue grande.

„No, prav, ti rdečeoki hudiček," je rekel, ko je bila luknja velika.

Dejó caer el hacha y tomó el garrote con su mano derecha.

Spustil je sekiro in v desno roko vzel palico.

Buck realmente parecía un demonio; con los ojos inyectados en sangre y llameantes.

Buck je bil resnično videti kot hudič; oči so bile krvave in so gorele.

Su pelaje se erizó, le salía espuma por la boca y sus ojos brillaban.

Dlaka se mu je ježila, pena se mu je brizgala na usta, oči so se mu lesketale.

Tensó los músculos y se lanzó directamente hacia el suéter rojo.

Napel je mišice in skočil naravnost proti rdečemu puloverju.

Ciento cuarenta libras de furia volaron hacia el hombre tranquilo.

Sto štirideset funtov besa je poletelo na mirnega moža.

Justo antes de que sus mandíbulas se cerraran, un golpe terrible lo golpeó.

Tik preden so se mu čeljusti stisnile, ga je zadel grozen udarec.

Sus dientes chasquearon al chocar contra nada más que el aire.

Zobje so mu švignili skupaj, ne da bi se dotaknili ničesar drugega kot zraka.

Una sacudida de dolor resonó a través de su cuerpo
sunek bolečine je odmeval po njegovem telesu

Dio una vuelta en el aire y se estrelló sobre su espalda y su costado.

V zraku se je prevrnil in padel na hrbet in bok.

Nunca antes había sentido el golpe de un garrote y no podía agarrarlo.
Še nikoli prej ni občutil udarca s palico in ga ni mogel dojeti.
Con un gruñido estridente, mitad ladrido, mitad grito, saltó de nuevo.
Z vriskajočim renčanjem, delno laježem, delno krikom, je spet skočil.
Otro golpe brutal lo alcanzó y lo arrojó al suelo.
Zadel ga je še en brutalen udarec in ga vrgel na tla.
Esta vez Buck lo entendió: era el pesado garrote del hombre.
Tokrat je Buck razumel – bila je to moževa težka palica.
Pero la rabia lo cegó y no pensó en retirarse.
Toda bes ga je zaslepil in ni pomislil na umik.
Doce veces se lanzó y doce veces cayó.
Dvanajstkrat se je pognal in dvanajstkrat je padel.
El palo de madera lo golpeaba cada vez con una fuerza despiadada y aplastante.
Lesena palica ga je vsakič znova zdrobila z neusmiljeno, drobilno silo.
Después de un golpe feroz, se tambaleó hasta ponerse de pie, aturdido y lento.
Po enem samem silovitem udarcu se je opotekajoče postavil na noge, omamljen in počasen.
Le salía sangre de la boca, de la nariz y hasta de las orejas.
Kri mu je tekla iz ust, nosu in celo ušes.
Su pelaje, otrora hermoso, estaba manchado de espuma sanguinolenta.
Njegov nekoč lepi plašč je bil premazan s krvavo peno.
Entonces el hombre se adelantó y le dio un golpe tremendo en la nariz.
Nato je moški stopil naprej in ga hudo udaril v nos.
La agonía fue más aguda que cualquier cosa que Buck hubiera sentido jamás.
Bolečina je bila hujša od vsega, kar je Buck kdajkoli občutil.
Con un rugido más de bestia que de perro, saltó nuevamente para atacar.

Z rjovenjem, bolj zverinskim kot pasjim, je znova skočil v napad.

Pero el hombre se agarró la mandíbula inferior y la torció hacia atrás.

Toda moški ga je zgrabil za spodnjo čeljust in jo zvil nazaj.

Buck se dio una vuelta de cabeza y volvió a caer con fuerza.

Buck se je prevrnil čez ušesa in spet močno padel.

Una última vez, Buck cargó contra él, ahora apenas capaz de mantenerse en pie.

Še zadnjič se je Buck pognal vanj, komaj še stoj na nogah.

El hombre atacó con una sincronización experta, dando el golpe final.

Moški je udaril s strokovnim tempom in zadal zadnji udarec.

Buck se desplomó en un montón, inconsciente e inmóvil.

Buck se je zgrudil na kup, nezavesten in negiben.

"No es ningún inútil a la hora de domar perros, eso es lo que digo", gritó un hombre.

»Ni ravno slab pri krojenju psov, to pravim,« je zavpil moški.

"Druther puede quebrar la voluntad de un perro cualquier día de la semana".

"Druther lahko zlomi voljo psa vsak dan v tednu."

"¡Y dos veces el domingo!" añadió el conductor.

„In dvakrat v nedeljo!" je dodal voznik.

Se subió al carro y tiró de las riendas para partir.

Zlezel je na voz in potegnil vajeti, da bi odpeljal.

Buck recuperó lentamente el control de su conciencia.

Buck je počasi povrnil nadzor nad svojo zavestjo

Pero su cuerpo todavía estaba demasiado débil y roto para moverse.

toda njegovo telo je bilo še vedno prešibko in zlomljeno, da bi se premaknilo.

Se quedó donde había caído, observando al hombre del suéter rojo.

Ležal je tam, kjer je padel, in opazoval moškega v rdečem puloverju.

"Responde al nombre de Buck", dijo el hombre, leyendo en voz alta.

„Odziva se na ime Buck," je rekel moški in bral na glas.

Citó la nota enviada con la caja de Buck y los detalles.

Citiral je iz sporočila, poslanega z Buckovim zabojem, in podrobnosti.

—Bueno, Buck, muchacho —continuó el hombre con tono amistoso—.

„No, Buck, fant moj," je moški nadaljeval s prijaznim tonom,

"Hemos tenido nuestra pequeña pelea y ahora todo ha terminado entre nosotros".

"Imela sva najin majhen prepir in zdaj je med nama konec."

"Tú has aprendido cuál es tu lugar y yo he aprendido cuál es el mío", añadió.

„Spoznal si svoje mesto, jaz pa svoje," je dodal.

"Sé bueno y todo irá bien y la vida será placentera".

"Bodi priden in vse bo dobro in življenje bo prijetno."

"Pero si te portas mal, te daré una paliza, ¿entiendes?"

"Ampak bodi slab, pa te bom pretepel do smrti, razumeš?"

Mientras hablaba, extendió la mano y acarició la cabeza dolorida de Buck.

Medtem ko je govoril, je iztegnil roko in potrepljal Bucka po boleči glavi.

El cabello de Buck se erizó ante el toque del hombre, pero no se resistió.

Bucku so se ob moškem dotiku dvignili lasje, a se ni upiral.

El hombre le trajo agua, que Buck bebió a grandes tragos.

Mož mu je prinesel vodo, ki jo je Buck pil v velikih požirkih.

Luego vino la carne cruda, que Buck devoró trozo a trozo.

Nato je prišlo surovo meso, ki ga je Buck požrl kos za kosom.

Sabía que estaba derrotado, pero también sabía que no estaba roto.

Vedel je, da je pretepen, a vedel je tudi, da ni zlomljen.

No tenía ninguna posibilidad contra un hombre armado con un garrote.

Proti moškemu, oboroženemu s palico, ni imel nobene možnosti.

Había aprendido la verdad y nunca olvidó esa lección.

Spoznal je resnico in te lekcije ni nikoli pozabil.

Esa arma fue el comienzo de la ley en el nuevo mundo de Buck.

To orožje je bilo začetek prava v Buckovem novem svetu.

Fue el comienzo de un orden duro y primitivo que no podía negar.

To je bil začetek surovega, primitivnega reda, ki ga ni mogel zanikati.

Aceptó la verdad; sus instintos salvajes ahora estaban despiertos.

Sprejel je resnico; njegovi divji nagoni so se zdaj prebudili.

El mundo se había vuelto más duro, pero Buck lo afrontó con valentía.

Svet je postal krutejši, a Buck se je z njim pogumno soočil.

Afrontó la vida con nueva cautela, astucia y fuerza silenciosa.

Življenje je srečal z novo previdnostjo, zvitostjo in tiho močjo.

Llegaron más perros, atados con cuerdas o cajas como había estado Buck.

Prispelo je še več psov, privezanih v vrveh ali kletkah, kot so nekoč privezali Bucka.

Algunos perros llegaron con calma, otros se enfurecieron y pelearon como bestias salvajes.

Nekateri psi so prišli mirno, drugi so besneli in se borili kot divje zveri.

Todos ellos quedaron bajo el dominio del hombre del suéter rojo.

Vsi so bili podrejeni vladavini moža v rdečem puloverju.

Cada vez, Buck observaba y veía cómo se desarrollaba la misma lección.

Buck je vsakič opazoval in videl, kako se odvija ista lekcija.

El hombre con el garrote era la ley, un amo al que había que obedecer.

Mož s palico je bil zakon; gospodar, ki mu je bilo treba ubogati.

No necesitaba ser querido, pero sí obedecido.

Ni mu bilo treba biti všečen, ampak ubogati ga je bilo treba.

Buck nunca adulaba ni meneaba la cola como lo hacían los perros más débiles.

Buck se ni nikoli prilizoval ali mahal z rokami, kot so to počeli šibkejši psi.

Vio perros que estaban golpeados y todavía lamían la mano del hombre.

Videl je pretepene pse in še vedno lizal moževo roko.

Vio un perro que no obedecía ni se sometía en absoluto.

Videl je psa, ki sploh ni ubogal ali se ni podredil.

Ese perro luchó hasta que murió en la batalla por el control.

Ta pes se je boril, dokler ni bil ubit v bitki za nadzor.

A veces, desconocidos venían a ver al hombre del suéter rojo.

Včasih so k moškemu v rdečem puloverju prihajali neznanci.

Hablaban en tonos extraños, suplicando, negociando y riendo.

Govorili so s čudnimi toni, prosili, se pogajali in smejali.

Cuando se intercambiaba dinero, se iban con uno o más perros.

Ko so zamenjali denar, so odšli z enim ali več psi.

Buck se preguntó a dónde habían ido esos perros, pues ninguno regresaba jamás.

Buck se je spraševal, kam so šli ti psi, saj se nobeden ni nikoli vrnil.

El miedo a lo desconocido llenaba a Buck cada vez que un hombre extraño se acercaba.

Strah od neznanega je Bucka preplavil vsakič, ko je prišel neznan moški.

Se alegraba cada vez que se llevaban a otro perro en lugar de a él mismo.

Vsakič je bil vesel, ko so vzeli še enega psa, namesto sebe.

Pero finalmente, llegó el turno de Buck con la llegada de un hombre extraño.

Končno pa je prišel na vrsto tudi Buck s prihodom čudnega moškega.

Era pequeño, fibroso y hablaba un inglés deficiente y decía palabrotas.

Bil je majhen, žilav in je govoril v polomljeni angleščini ter preklinjal.

—¡Sacredam! —gritó cuando vio el cuerpo de Buck.

„Sacredam!" je zavpil, ko je zagledal Buckovo postavo.

—¡Qué perro tan bravucón! ¿Eh? ¿Cuánto? —preguntó en voz alta.

„To je pa res prekleto pes, ki te je nagajiv! Kaj? Koliko?" je vprašal na glas.

"Trescientos, y es un regalo a ese precio".

"Tristo, pa je za to ceno darilo,"

—Como es dinero del gobierno, no deberías quejarte, Perrault.

„Ker gre za državni denar, se ne bi smel pritoževati, Perrault."

Perrault sonrió ante el trato que acababa de hacer con aquel hombre.

Perrault se je zarežal ob dogovoru, ki ga je pravkar sklenil z moškim.

El precio de los perros se disparó debido a la repentina demanda.

Cena psov je zaradi nenadnega povpraševanja močno narasla.

Trescientos dólares no era injusto para una bestia tan bella.

Tristo dolarjev ni bilo nepošteno za tako fino zver.

El gobierno canadiense no perdería nada con el acuerdo

Kanadska vlada s tem dogovorom ne bi izgubila ničesar.

Además sus despachos oficiales tampoco sufrirían demoras en el tránsito.

Prav tako se njihove uradne pošiljke ne bi zavlekle med prevozom.

Perrault conocía bien a los perros y podía ver que Buck era algo raro.

Perrault je dobro poznal pse in je videl, da je Buck nekaj redkega.

"Uno entre diez diez mil", pensó mientras estudiaba la complexión de Buck.

„Eden od desetih deset tisoč," je pomislil, medtem ko je preučeval Buckovo postavo.

Buck vio que el dinero cambiaba de manos, pero no mostró sorpresa.
Buck je videl, kako je denar menjal lastnika, vendar ni pokazal nobenega presenečenja.

Pronto él y Curly, un gentil Terranova, fueron llevados lejos.
Kmalu so njega in Kodrastija, nežnega novofundlandca, odpeljali stran.

Siguieron al hombrecito desde el patio del suéter rojo.
Sledili so možicu z dvorišča rdečega puloverja.

Esa fue la última vez que Buck vio al hombre con el garrote de madera.
To je bil zadnjič, kar je Buck kdaj videl moža z leseno palico.

Desde la cubierta del Narwhal vio cómo Seattle se desvanecía en la distancia.
Z Narwalove palube je opazoval, kako Seattle izginja v daljavi.

También fue la última vez que vio las cálidas tierras del Sur.
To je bil tudi zadnjič, da je kdaj videl toplo Južno deželo.

Perrault los llevó bajo cubierta y los dejó con François.
Perrault jih je odpeljal pod palubo in jih pustil pri Françoisu.

François era un gigante de cara negra y manos ásperas y callosas.
François je bil črnoličen velikan z grobimi, žuljastimi rokami.

Era oscuro y moreno, un mestizo francocanadiense.
Bil je temnopolt in zagorel; mešanec Francosko-kanadskega porekla.

Para Buck, estos hombres eran de un tipo que nunca había visto antes.
Bucku se je zdelo, da so ti možje takšni, kot jih še ni videl.

En los días venideros conocería a muchos hombres así.
V prihodnjih dneh bo spoznal veliko takšnih mož.

No llegó a encariñarse con ellos, pero llegó a respetarlos.
Ni jih imel rad, a jih je začel spoštovati.

Eran justos y sabios, y no se dejaban engañar fácilmente por ningún perro.
Bili so pošteni in modri ter jih noben pes ni zlahka prevaral.

Juzgaban a los perros con calma y castigaban sólo cuando lo merecían.

Pse so sodili mirno in jih kaznovali le, če so si to zaslužili.

En la cubierta inferior del Narwhal, Buck y Curly se encontraron con dos perros.

V spodnji palubi Narvala sta Buck in Kodrasti srečala dva psa.

Uno de ellos era un gran perro blanco procedente de la lejana y gélida región de Spitzbergen.

Eden je bil velik beli pes iz oddaljenega, ledenega Spitzbergna.

Una vez navegó con un ballenero y se unió a un grupo de investigación.

Nekoč je plul s kitolovcem in se pridružil raziskovalni skupini.

Era amigable de una manera astuta, deshonesta y tramposa.

Bil je prijazen na prebrisan, zahrbten in zvit način.

En su primera comida, robó un trozo de carne de la sartén de Buck.

Pri prvem obroku je iz Buckove ponve ukradel kos mesa.

Buck saltó para castigarlo, pero el látigo de François golpeó primero.

Buck je skočil, da bi ga kaznoval, toda Françoisov bič je udaril prej.

El ladrón blanco gritó y Buck recuperó el hueso robado.

Beli tat je kriknil in Buck je dobil nazaj ukradeno kost.

Esa imparcialidad impresionó a Buck y François se ganó su respeto.

Ta pravičnost je na Bucka naredila vtis in François si je prislužil njegovo spoštovanje.

El otro perro no saludó y no quiso recibir saludos a cambio.

Drugi pes ni pozdravil in ga ni hotel pozdraviti v zameno.

No robaba comida ni olfateaba con interés a los recién llegados.

Ni kradel hrane niti z zanimanjem ni vohal novih prišlekov.

Este perro era sombrío y silencioso, melancólico y de movimientos lentos.

Ta pes je bil mračen in tih, mračen in počasen.

Le advirtió a Curly que se mantuviera alejada simplemente mirándola fijamente.

Kodrasti je opozoril, naj se drži stran, tako da jo je preprosto jezno pogledal.

Su mensaje fue claro: déjenme en paz o habrá problemas.
Njegovo sporočilo je bilo jasno; pustite me pri miru ali pa
bodo težave.
Se llamaba Dave y apenas se fijaba en su entorno.
Klicali so ga Dave in komaj je opazil okolico.
**Dormía a menudo, comía tranquilamente y bostezaba de vez
en cuando.**
Pogosto je spal, tiho jedel in občasno zazehal.

**El barco zumbaba constantemente con la hélice golpeando
debajo.**
Ladja je nenehno brnela, propeler spodaj pa je utripal.
**Los días pasaron con pocos cambios, pero el clima se volvió
más frío.**
Dnevi so minevali brez večjih sprememb, a vreme je postajalo
hladnejše.
**Buck podía sentirlo en sus huesos y notó que los demás
también lo sentían.**
Buck je to čutil v kosteh in opazil je, da tudi drugi.
**Entonces, una mañana, la hélice se detuvo y todo quedó en
silencio.**
Nekega jutra se je propeler ustavil in vse je bilo tiho.
Una energía recorrió la nave; algo había cambiado.
Ladjo je preplavila energija; nekaj se je spremenilo.
François bajó, les puso las correas y los trajo arriba.
François je prišel dol, jih pripel na povodce in jih pripeljal gor.
Buck salió y encontró el suelo suave, blanco y frío.
Buck je stopil ven in ugotovil, da so tla mehka, bela in hladna.
Saltó hacia atrás alarmado y resopló totalmente confundido.
Prestrašeno je odskočil in popolnoma zmedeno smrkal.
Una extraña sustancia blanca caía del cielo gris.
Z sivega neba je padala čudna bela snov.
Se sacudió, pero los copos blancos seguían cayendo sobre él.
Stresel se je, a beli kosmiči so kar naprej padali nanj.
**Olió con cuidado la sustancia blanca y lamió algunos
trocitos helados.**

Previdno je povohal belo snov in polizal nekaj ledenih koščkov.

El polvo ardió como fuego y luego desapareció de su lengua.

Prah je pekel kot ogenj, nato pa je naravnost izginil z njegovega jezika.

Buck lo intentó de nuevo, desconcertado por la extraña frialdad que desaparecía.

Buck je poskusil znova, zmeden zaradi nenavadne izginjajoče hladnosti.

Los hombres que lo rodeaban se rieron y Buck se sintió avergonzado.

Moški okoli njega so se zasmejali in Bucku je bilo nerodno.

No sabía por qué, pero le avergonzaba su reacción.

Ni vedel zakaj, a sramoval se je svoje reakcije.

Fue su primera experiencia con la nieve y le confundió.

To je bila njegova prva izkušnja s snegom in to ga je zmedlo.

La ley del garrote y el colmillo
Zakon kluba in očnjaka

El primer día de Buck en la playa de Dyea se sintió como una terrible pesadilla.
Buckov prvi dan na plaži Dyea se je zdel kot grozna nočna mora.
Cada hora traía nuevas sorpresas y cambios inesperados para Buck.
Vsaka ura je Bucku prinesla nove presenečenja in nepričakovane spremembe.
Lo habían sacado de la civilización y lo habían arrojado a un caos salvaje.
Iz civilizacije so ga izvlekli in vrženi v divji kaos.
Aquella no era una vida soleada y tranquila, llena de aburrimiento y descanso.
To ni bilo sončno, lenobno življenje z dolgčasom in počitkom.
No había paz, ni descanso, ni momento sin peligro.
Ni bilo miru, počitka in trenutka brez nevarnosti.
La confusión lo dominaba todo y el peligro siempre estaba cerca.
Zmeda je vladala vsemu in nevarnost je bila vedno blizu.
Buck tuvo que mantenerse alerta porque estos hombres y perros eran diferentes.
Buck je moral ostati pozoren, ker so bili ti moški in psi drugačni.
No eran de pueblos; eran salvajes y sin piedad.
Niso bili iz mest; bili so divji in brez milosti.
Estos hombres y perros sólo conocían la ley del garrote y el colmillo.
Ti možje in psi so poznali le zakon palice in zob.
Buck nunca había visto perros pelear como estos salvajes huskies.
Buck še nikoli ni videl psov, ki bi se pretepali tako divji haskiji.
Su primera experiencia le enseñó una lección que nunca olvidaría.

Njegova prva izkušnja ga je naučila lekcijo, ki je ne bo nikoli pozabil.

Tuvo suerte de que no fuera él, o habría muerto también.

Imel je srečo, da ni bil on, sicer bi tudi on umrl.

Curly fue el que sufrió mientras Buck observaba y aprendía.

Kodrasti je bil tisti, ki je trpel, medtem ko je Buck opazoval in se učil.

Habían acampado cerca de una tienda construida con troncos.

Taborili so blizu trgovine, zgrajene iz hlodov.

Curly intentó ser amigable con un husky grande, parecido a un lobo.

Kodrasti se je poskušal prijazno navezati na velikega, volku podobnega haskija.

El husky era más pequeño que Curly, pero parecía salvaje y malvado.

Husky je bil manjši od Kodrastija, a je bil videti divji in zloben.

Sin previo aviso, saltó y le abrió el rostro.

Brez opozorila je skočil in ji razprl obraz.

Sus dientes la atravesaron desde el ojo hasta la mandíbula en un solo movimiento.

Njegovi zobje so ji z enim samim gibom prerezali vse od očesa do čeljusti.

Así era como peleaban los lobos: golpeaban rápido y saltaban.

Tako so se borili volkovi – hitro udarili in odskočili.

Pero había mucho más que aprender de ese único ataque.

Vendar se je iz tega napada dalo naučiti več kot le nekaj več.

Decenas de huskies entraron corriendo y formaron un círculo silencioso.

Na ducate haskijev je prihitelo in naredilo tihi krog.

Observaron atentamente y se lamieron los labios con hambre.

Pozorno so opazovali in si od lakote oblizovali ustnice.

Buck no entendió su silencio ni sus miradas ansiosas.

Buck ni razumel njihove tišine ali njihovih nestrpnih pogledov.

Curly se apresuró a atacar al husky por segunda vez.
Kodrasti je drugič planil na haskija.
Él usó su pecho para derribarla con un movimiento fuerte.
S prsmi jo je z močnim gibom podrl.
Ella cayó de lado y no pudo levantarse más.
Padla je na bok in se ni mogla več pobrati.
Eso era lo que los demás habían estado esperando todo el tiempo.
To so ostali ves čas čakali.
Los perros esquimales saltaron sobre ella, aullando y gruñendo frenéticamente.
Haskiji so skočili nanjo, besno cvilili in renčali.
Ella gritó cuando la enterraron bajo una pila de perros.
Kričala je, ko so jo pokopali pod kupom psov.
El ataque fue tan rápido que Buck se quedó paralizado por la sorpresa.
Napad je bil tako hiter, da je Buck od šoka otrpnil na mestu.
Vio a Spitz sacar la lengua de una manera que parecía una risa.
Videl je, kako je Spitz pomolil jezik na način, ki je bil videti kot smeh.
François cogió un hacha y corrió directamente hacia el grupo de perros.
François je zgrabil sekiro in stekel naravnost v skupino psov.
Otros tres hombres usaron palos para ayudar a ahuyentar a los perros esquimales.
Trije drugi moški so s palicami pomagali pregnati haskije.
En sólo dos minutos, la pelea terminó y los perros desaparecieron.
V samo dveh minutah je bil boj končan in psi so izginili.
Curly yacía muerta en la nieve roja y pisoteada, con su cuerpo destrozado.
Kodrasti je ležala mrtva v rdečem, poteptanem snegu, njeno telo je bilo raztrgano.
Un hombre de piel oscura estaba de pie sobre ella, maldiciendo la brutal escena.
Nad njo je stal temnopolti moški in preklinjal brutalni prizor.

El recuerdo permaneció con Buck y atormentó sus sueños por la noche.

Spomin je ostal z Buckom in ga ponoči preganjal v sanjah.

Así era aquí: sin justicia, sin segundas oportunidades.

Tako je bilo tukaj; brez pravičnosti ni druge priložnosti.

Una vez que un perro caía, los demás lo mataban sin piedad.

Ko je pes padel, so ga drugi ubili brez milosti.

Buck decidió entonces que nunca se permitiría caer.

Buck se je takrat odločil, da si nikoli ne bo dovolil pasti.

Spitz volvió a sacar la lengua y se rió de la sangre.

Spitz je spet pomolil jezik in se zasmejal krvi.

Desde ese momento, Buck odió a Spitz con todo su corazón.

Od tistega trenutka naprej je Buck Spitza sovražil z vsem srcem.

Antes de que Buck pudiera recuperarse de la muerte de Curly, sucedió algo nuevo.

Preden si je Buck lahko opomogel od Kodrastijeve smrti, se je zgodilo nekaj novega.

François se acercó y ató algo alrededor del cuerpo de Buck.

François je prišel in nekaj opasal okoli Buckovega telesa.

Era un arnés como los que usaban los caballos en el rancho.

Bil je oprsnik, podoben tistim, ki jih uporabljajo za konje na ranču.

Así como Buck había visto trabajar a los caballos, ahora él también estaba obligado a trabajar.

Kakor je Buck videl konje delati, je bil zdaj tudi on prisiljen delati.

Tuvo que arrastrar a François en un trineo hasta el bosque cercano.

Françoisa je moral na sankah vleči v bližnji gozd.

Después tuvo que arrastrar una carga de leña pesada.

Potem je moral odvleči nazaj kup težkih drv.

Buck era orgulloso, por eso le dolía que lo trataran como a un animal de trabajo.

Buck je bil ponosen, zato ga je bolelo, da so z njim ravnali kot z delovno živaljo.

Pero él era sabio y no intentó luchar contra la nueva situación.

Vendar je bil moder in se ni poskušal boriti proti novim razmeram.

Aceptó su nueva vida y dio lo mejor de sí en cada tarea.

Sprejel je svoje novo življenje in pri vsaki nalogi dal vse od sebe.

Todo en la obra le resultaba extraño y desconocido.

Vse pri delu mu je bilo čudno in neznano.

Francisco era estricto y exigía obediencia sin demora.

François je bil strog in je zahteval poslušnost brez odlašanja.

Su látigo garantizaba que cada orden fuera seguida al instante.

Njegov bič je poskrbel, da je bil vsak ukaz izveden hkrati.

Dave era el que conducía el trineo, el perro que estaba más cerca de él, detrás de Buck.

Dave je bil voznik, pes, ki je bil najbližje sani za Buckom.

Dave mordió a Buck en las patas traseras si cometía un error.

Dave je ugriznil Bucka v zadnje noge, če je naredil napako.

Spitz era el perro líder, hábil y experimentado en su función.

Špic je bil vodilni pes, spreten in izkušen v tej vlogi.

Spitz no pudo alcanzar a Buck fácilmente, pero aún así lo corrigió.

Spitz ni mogel zlahka doseči Bucka, a ga je vseeno popravil.

Gruñó con dureza o tiró del trineo de maneras que le enseñaron a Buck.

Ostro je renčal ali vlekel sani na načine, ki so Bucka učili.

Con este entrenamiento, Buck aprendió más rápido de lo que cualquiera de ellos esperaba.

Med tem usposabljanjem se je Buck učil hitreje, kot je kdorkoli od njih pričakoval.

Trabajó duro y aprendió tanto de François como de los otros perros.

Trdo je delal in se učil tako od Françoisa kot od drugih psov.

Cuando regresaron, Buck ya conocía los comandos clave.

Ko so se vrnili, je Buck že poznal ključne ukaze.

Aprendió a detenerse al oír la palabra "ho" gracias a François.

Naučil se je ustaviti ob zvoku »ho«, ki ga je zaslišal François.

Aprendió cuando tenía que tirar del trineo y correr.

Naučil se je, kdaj je moral vleči sani in teči.

Aprendió a girar abiertamente en las curvas del camino sin problemas.

Naučil se je brez težav široko zavijati v ovinkih poti.

También aprendió a evitar a Dave cuando el trineo descendía rápidamente.

Naučil se je tudi izogibati Daveu, ko so se sani hitro spuščale navzdol.

"Son perros muy buenos", le dijo orgulloso François a Perrault.

»Zelo dobri psi so,« je François ponosno povedal Perraultu.

"Ese Buck tira como un demonio. Le enseño rapidísimo".

„Ta Buck vleče kot hudič – naučim ga kar hitro."

Más tarde ese día, Perrault regresó con dos perros husky más.

Kasneje tistega dne se je Perrault vrnil z dvema haskijema.

Se llamaban Billee y Joe y eran hermanos.

Imena sta bila Billee in Joe, in bila sta brata.

Venían de la misma madre, pero no se parecían en nada.

Prihajala sta od iste matere, vendar si sploh nista bila podobna.

Billee era de carácter dulce y muy amigable con todos.

Billee je bila dobrodušna in preveč prijazna do vseh.

Joe era todo lo contrario: tranquilo, enojado y siempre gruñendo.

Joe je bil ravno nasprotje – tih, jezen in vedno renčal.

Buck los saludó de manera amigable y se mostró tranquilo con ambos.

Buck ju je prijazno pozdravil in bil z obema miren.

Dave no les prestó atención y permaneció en silencio como siempre.

Dave se ni zmenil zanje in je kot ponavadi molčal.

Spitz atacó primero a Billee, luego a Joe, para demostrar su dominio.

Spitz je najprej napadel Billeeja, nato pa Joeja, da bi pokazal svojo prevlado.

Billee movió la cola y trató de ser amigable con Spitz.

Billee je mahal z repom in se poskušal prijazno navezati na Spitz.

Cuando eso no funcionó, intentó huir.

Ko to ni delovalo, je raje poskušal pobegniti.

Lloró tristemente cuando Spitz lo mordió fuerte en el costado.

Žalostno je zajokal, ko ga je Spitz močno ugriznil v bok.

Pero Joe era muy diferente y se negaba a dejarse intimidar.

Toda Joe je bil zelo drugačen in se ni pustil ustrahovati.

Cada vez que Spitz se acercaba, Joe giraba rápidamente para enfrentarlo.

Vsakič, ko se je Spitz približal, se je Joe hitro obrnil proti njemu.

Su pelaje se erizó, sus labios se curvaron y sus dientes chasquearon salvajemente.

Dlaka se mu je naježila, ustnice so se mu zvile, zobje pa divje škripali.

Los ojos de Joe brillaron de miedo y rabia, desafiando a Spitz a atacar.

Joejeve oči so se lesketale od strahu in besa, saj je Spitza izzival, naj udari.

Spitz abandonó la lucha y se alejó, humillado y enojado.

Spitz je obupal nad bojem in se obrnil stran, ponižan in jezen.

Descargó su frustración en el pobre Billee y lo ahuyentó.

Svojo frustracijo je stresel na ubogem Billeeju in ga pregnal.

Esa noche, Perrault añadió un perro más al equipo.

Tistega večera je Perrault ekipi dodal še enega psa.

Este perro era viejo, delgado y cubierto de cicatrices de batalla.

Ta pes je bil star, suh in prekrit z bojnimi brazgotinami.

Le faltaba un ojo, pero el otro brillaba con poder.

Eno oko mu je manjkalo, drugo pa je močno žarelo.

El nombre del nuevo perro era Solleks, que significaba "el enojado".

Ime novega psa je bilo Solleks, kar je pomenilo Jezni.

Al igual que Dave, Solleks no pidió nada a los demás y no dio nada a cambio.

Tako kot Dave tudi Solleks ni od drugih ničesar zahteval in ničesar ni dal v zameno.

Cuando Solleks entró lentamente al campamento, incluso Spitz se mantuvo alejado.

Ko je Solleks počasi vstopil v tabor, se je celo Spitz umaknil.

Tenía un hábito extraño que Buck tuvo la mala suerte de descubrir.

Imel je čudno navado, ki jo Buck ni imel sreče odkriti.

A Solleks le disgustaba que se acercaran a él por el lado donde estaba ciego.

Solleks je sovražil, da so se mu približevali s strani, kjer je bil slep.

Buck no sabía esto y cometió ese error por accidente.

Buck tega ni vedel in je to napako naredil po nesreči.

Solleks se dio la vuelta y cortó el hombro de Buck profunda y rápidamente.

Solleks se je obrnil in Bucka hitro ter globoko udaril v ramo.

A partir de ese momento, Buck nunca se acercó al lado ciego de Solleks.

Od tistega trenutka naprej se Buck ni nikoli več približal Solleksovi slepi strani.

Nunca volvieron a tener problemas durante el resto del tiempo que estuvieron juntos.

Do konca skupnega časa nista imela nikoli več težav.

Solleks sólo quería que lo dejaran solo, como el tranquilo Dave.

Solleks si je želel le, da bi ga pustili pri miru, kot tihi Dave.

Pero Buck se enteraría más tarde de que cada uno tenía otro objetivo secreto.

Toda Buck je kasneje izvedel, da imata vsak še en skriti cilj.

Esa noche, Buck se enfrentó a un nuevo y preocupante desafío: cómo dormir.

Tisto noč se je Buck soočil z novim in mučnim izzivom – kako spati.

La tienda brillaba cálidamente con la luz de las velas en el campo nevado.

Šotor je toplo žarel v svetlobi sveč na zasneženem polju.

Buck entró, pensando que podría descansar allí como antes.

Buck je vstopil in si mislil, da se bo tam lahko spočil kot prej.

Pero Perrault y François le gritaron y le lanzaron sartenes.

Toda Perrault in François sta kričala nanj in metala ponve.

Sorprendido y confundido, Buck corrió hacia el frío helado.

Šokiran in zmeden je Buck stekel ven v ledeno mrzlo vodo.

Un viento amargo le azotó el hombro herido y le congeló las patas.

Oster veter mu je pičil v ranjeno ramo in mu ozebelil šape.

Se tumbó en la nieve y trató de dormir al aire libre.

Legel je v sneg in poskušal spati zunaj na prostem.

Pero el frío pronto le obligó a levantarse de nuevo, temblando mucho.

Toda mraz ga je kmalu prisilil, da je spet vstal, močno se je tresel.

Deambuló por el campamento intentando encontrar un lugar más cálido.

Sprehajal se je po taboru in iskal toplejši kotiček.

Pero cada rincón estaba tan frío como el anterior.

A vsak kotiček je bil prav tako hladen kot prejšnji.

A veces, perros salvajes saltaban sobre él desde la oscuridad.

Včasih so nanj iz teme skakali divji psi.

Buck erizó su pelaje, mostró los dientes y gruñó en señal de advertencia.

Buck se je naježil, pokazal zobe in svarilno zarenčal.

Estaba aprendiendo rápido y los otros perros se alejaban rápidamente.

Hitro se je učil, drugi psi pa so se hitro umaknili.

Aún así, no tenía dónde dormir ni idea de qué hacer.

Kljub temu ni imel kje spati in ni vedel, kaj naj stori.

Por fin se le ocurrió una idea: ver cómo estaban sus compañeros de equipo.

Končno se mu je porodila misel – preveriti, kako so njegovi soigralci.

Regresó a su zona y se sorprendió al descubrir que habían desaparecido.

Vrnil se je na njihovo območje in bil presenečen, ko jih ni več.

Nuevamente buscó por todo el campamento, pero todavía no pudo encontrarlos.

Ponovno je preiskal tabor, a jih še vedno ni mogel najti.

Sabía que ellos no podían estar en la tienda, o él también lo estaría.

Vedel je, da ne smejo biti v šotoru, sicer bi bil tudi on.

Entonces ¿a dónde se habían ido todos los perros en este campamento helado?

Kam so torej šli vsi psi v tem zamrznjenem taboru?

Buck, frío y miserable, caminó lentamente alrededor de la tienda.

Buck, premražen in nesrečen, je počasi krožil okoli šotora.

De repente, sus patas delanteras se hundieron en la nieve blanda y lo sobresaltó.

Nenadoma so se mu sprednje noge pogreznile v mehak sneg in ga prestrašile.

Algo se movió bajo sus pies y saltó hacia atrás asustado.

Nekaj se mu je zvilo pod nogami in od strahu je odskočil nazaj.

Gruñó y rugió sin saber qué había debajo de la nieve.

Rjovel je in renčal, ne da bi vedel, kaj se skriva pod snegom.

Entonces oyó un ladrido amistoso que alivió su miedo.

Nato je zaslišal prijazno tiho lajanje, ki je pomirilo njegov strah.

Olfateó el aire y se acercó para ver qué estaba oculto.

Povohal je zrak in se približal, da bi videl, kaj se skriva.

Bajo la nieve, acurrucada en una bola cálida, estaba la pequeña Billee.

Pod snegom, zvita v toplo klobčič, je bila mala Billee.

Billee movió la cola y lamió la cara de Buck para saludarlo.

Billee je mahal z repom in Bucku v pozdrav polizal obraz.

Buck vio cómo Billee había hecho un lugar para dormir en la nieve.

Buck je videl, kako si je Billee v snegu naredila spalno mesto.

Había cavado y usado su propio calor para mantenerse caliente.

Izkopal se je in uporabljal lastno toploto, da se je ogrel.

Buck había aprendido otra lección: así era como dormían los perros.

Buck se je naučil še ene lekcije – tako so spali psi.

Eligió un lugar y comenzó a cavar su propio hoyo en la nieve.

Izbral si je mesto in začel kopati svojo luknjo v snegu.

Al principio, se movía demasiado y desperdiciaba energía.

Sprva se je preveč gibal in zapravljal energijo.

Pero pronto su cuerpo calentó el espacio y se sintió seguro.

Toda kmalu je njegovo telo ogrelo prostor in počutil se je varnega.

Se acurrucó fuertemente y al poco tiempo estaba profundamente dormido.

Tesno se je zvil in kmalu je trdno zaspal.

El día había sido largo y duro, y Buck estaba exhausto.

Dan je bil dolg in naporen, Buck pa je bil izčrpan.

Durmió profundamente y cómodamente, aunque sus sueños fueron salvajes.

Spal je trdno in udobno, čeprav so bile njegove sanje divje.

Gruñó y ladró mientras dormía, retorciéndose mientras soñaba.

V spanju je renčal in lajal, se zvijal, ko je sanjal.

Buck no se despertó hasta que el campamento ya estaba cobrando vida.

Buck se ni zbudil, dokler se tabor že ni začel prebujati.

Al principio, no sabía dónde estaba ni qué había sucedido.

Sprva ni vedel, kje je ali kaj se je zgodilo.

Había nevado durante la noche y había enterrado completamente su cuerpo.

Ponoči je zapadel sneg in njegovo truplo popolnoma pokopal.

La nieve lo apretaba por todos lados.

Sneg ga je tesno pritiskal okoli njega z vseh strani.

De repente, una ola de miedo recorrió todo el cuerpo de Buck.

Nenadoma je Bucka preplavil val strahu.

Era el miedo a quedar atrapado, un miedo que provenía de instintos profundos.

Bil je strah pred ujetostjo, strah, ki je izhajal iz globokih nagonov.

Aunque nunca había visto una trampa, el miedo vivía dentro de él.

Čeprav še nikoli ni videl pasti, je strah živel v njem.

Era un perro domesticado, pero ahora sus viejos instintos salvajes estaban despertando.

Bil je ukročen pes, a zdaj so se v njem prebujali stari divji nagoni.

Los músculos de Buck se tensaron y se le erizó el pelaje por toda la espalda.

Buckove mišice so se napele in dlaka se mu je postavila naježiti po vsem hrbtu.

Gruñó ferozmente y saltó hacia arriba a través de la nieve.

Divje je zarenčal in skočil naravnost skozi sneg.

La nieve voló en todas direcciones cuando estalló la luz del día.

Sneg je letel na vse strani, ko je prihitel na dnevno svetlobo.

Incluso antes de aterrizar, Buck vio el campamento extendido ante él.

Še pred pristankom je Buck videl tabor, ki se je razprostiral pred njim.

Recordó todo del día anterior, de repente.

Vsega od prejšnjega dne se je spomnil naenkrat.

Recordó pasear con Manuel y terminar en ese lugar.

Spomnil se je sprehoda z Manuelom in kako je končal na tem mestu.

Recordó haber cavado el hoyo y haberse quedado dormido en el frío.

Spomnil se je, kako je izkopal luknjo in zaspal v mrazu.

Ahora estaba despierto y el mundo salvaje que lo rodeaba estaba claro.

Zdaj je bil buden in divji svet okoli njega je bil jasen.

Un grito de François saludó la repentina aparición de Buck.

François je vzkliknil in pozdravil Buckov nenadni pojav.

—¿Qué te dije? —gritó en voz alta el conductor del perro a Perrault.

„Kaj sem rekel?" je voznik psa glasno zavpil Perraultu.

"Ese Buck sin duda aprende muy rápido", añadió François.

„Ta Buck se res hitro uči," je dodal François.

Perrault asintió gravemente, claramente satisfecho con el resultado.

Perrault je resno prikimal, očitno zadovoljen z rezultatom.

Como mensajero del gobierno canadiense, transportaba despachos.

Kot kurir za kanadsko vlado je prenašal depeše.

Estaba ansioso por encontrar los mejores perros para su importante misión.

Želel si je najti najboljše pse za svojo pomembno misijo.

Se sintió especialmente complacido ahora que Buck era parte del equipo.

Še posebej zadovoljen je bil zdaj, ko je bil Buck del ekipe.

Se agregaron tres huskies más al equipo en una hora.

V eni uri so ekipi dodali še tri haskije.

Eso elevó el número total de perros en el equipo a nueve.

S tem se je skupno število psov v ekipi povečalo na devet.

En quince minutos todos los perros estaban en sus arneses.

V petnajstih minutah so bili vsi psi v oprsnicah.

El equipo de trineos avanzaba por el sendero hacia Dyea Cañón.

Sankaška vprega se je vzpenjala po poti proti kanjonu Dyea.

Buck se sintió contento de partir, incluso si el trabajo que tenía por delante era duro.

Buck je bil vesel, da odhaja, četudi je bilo delo pred njim težko.

Descubrió que no despreciaba especialmente el trabajo ni el frío.

Ugotovil je, da ne prezira dela ali mraza.

Le sorprendió el entusiasmo que llenaba a todo el equipo.
Presenetilo ga je navdušenje, ki je preplavilo celotno ekipo.
Aún más sorprendente fue el cambio que se produjo en Dave y Solleks.
Še bolj presenetljiva je bila sprememba, ki se je zgodila Daveu in Solleksu.
Estos dos perros eran completamente diferentes cuando estaban enjaezados.
Ta dva psa sta bila popolnoma različna, ko sta bila vprežena.
Su pasividad y falta de preocupación habían desaparecido por completo.
Njihova pasivnost in pomanjkanje skrbi sta popolnoma izginili.
Estaban alertas y activos, y ansiosos por hacer bien su trabajo.
Bili so pozorni in aktivni ter so želeli dobro opraviti svoje delo.
Se irritaban ferozmente ante cualquier cosa que causara retraso o confusión.
Postali so hudo razdraženi zaradi vsega, kar je povzročalo zamudo ali zmedo.
El duro trabajo en las riendas era el centro de todo su ser.
Trdo delo na vajetih je bilo središče njihovega celotnega bitja.
Tirar del trineo parecía ser lo único que realmente disfrutaban.
Zdelo se je, da je vleka sani edina stvar, v kateri so resnično uživali.
Dave estaba en la parte de atrás del grupo, más cerca del trineo.
Dave je bil na zadnjem delu skupine, najbližje sani.
Buck fue colocado delante de Dave, y Solleks se adelantó a Buck.
Buck je bil postavljen pred Davea, Solleks pa je prevzel Bucka.
El resto de los perros estaban dispersos adelante, en una sola fila.
Ostali psi so bili razporejeni naprej v vrsti po eno.
La posición de cabeza en la parte delantera quedó ocupada por Spitz.

Vodilni položaj na čelu je zasedel Spitz.

Buck había sido colocado entre Dave y Solleks para recibir instrucción.

Bucka so zaradi navodil postavili med Davea in Solleksa.

Él aprendía rápido y sus profesores eran firmes y capaces.

Hitro se je učil, učitelja pa sta bila odločna in sposobna.

Nunca permitieron que Buck permaneciera en el error por mucho tiempo.

Nikoli niso dovolili, da bi Buck dolgo ostal v zmoti.

Enseñaron sus lecciones con dientes afilados cuando era necesario.

Po potrebi so svoje lekcije učili z ostrimi zobmi.

Dave era justo y mostraba un tipo de sabiduría tranquila y seria.

Dave je bil pravičen in je kazal tiho, resno modrost.

Él nunca mordió a Buck sin una buena razón para hacerlo.

Nikoli ni ugriznil Bucka brez tehtnega razloga za to.

Pero nunca dejó de morder cuando Buck necesitaba corrección.

Ampak nikoli ni opustil ugriza, ko je Bucka treba popraviti.

El látigo de Francisco estaba siempre listo y respaldaba su autoridad.

Françoisov bič je bil vedno pripravljen in je podpiral njihovo avtoriteto.

Buck pronto descubrió que era mejor obedecer que defenderse.

Buck je kmalu ugotovil, da je bolje ubogati kot pa se braniti.

Una vez, durante un breve descanso, Buck se enredó en las riendas.

Nekoč se je Buck med kratkim počitkom zapletel v vajeti.

Retrasó el inicio y confundió los movimientos del equipo.

Zavlekel je začetek in zmedel gibanje ekipe.

Dave y Solleks se abalanzaron sobre él y le dieron una paliza brutal.

Dave in Solleks sta se nanj pognala in ga hudo pretepla.

El enredo sólo empeoró, pero Buck aprendió bien la lección.

Zaplet se je samo še poslabšal, a Buck se je dobro naučil lekcije.

A partir de entonces, mantuvo las riendas tensas y trabajó con cuidado.

Od takrat naprej je vajeti držal napete in delal previdno.

Antes de que terminara el día, Buck había dominado gran parte de su tarea.

Pred koncem dneva je Buck obvladal večino svoje naloge.

Sus compañeros casi dejaron de corregirlo y morderlo.

Njegovi soigralci so ga skoraj nehali popravljati ali grizeti.

El látigo de François resonaba cada vez con menos frecuencia en el aire.

Françoisov bič je vedno redkeje pokal po zraku.

Perrault incluso levantó los pies de Buck y examinó cuidadosamente cada pata.

Perrault je celo dvignil Buckove noge in skrbno pregledal vsako šapo.

Había sido un día de carrera duro, largo y agotador para todos ellos.

Bil je naporen dan teka, dolg in naporen za vse.

Viajaron por el Cañón, atravesando Sheep Camp y pasando por Scales.

Potovali so po kanjonu navzgor, skozi Ovčji tabor in mimo Tehtnic.

Cruzaron la línea de árboles, luego glaciares y bancos de nieve de muchos metros de profundidad.

Prečkali so gozdno mejo, nato ledenike in snežne zamete, globoke več metrov.

Escalaron la gran, fría y prohibitiva divisoria de Chilkoot.

Preplezali so veliko mrzlo in prepovedno pregrado Chilkoot.

Esa alta cresta se encontraba entre el agua salada y el interior helado.

Ta visoki greben je stal med slano vodo in zamrznjeno notranjostjo.

Las montañas custodiaban con hielo y empinadas subidas el triste y solitario Norte.

Gore so z ledom in strmimi vzponi varovale žalosten in osamljen Sever.

Avanzaron a buen ritmo por una larga cadena de lagos debajo de la divisoria.

Dobro so se spustili po dolgi verigi jezer pod razvodjem.

Esos lagos llenaban los antiguos cráteres de volcanes extintos.

Ta jezera so zapolnila starodavne kraterje ugaslih vulkanov.

Tarde esa noche, llegaron a un gran campamento en el lago Bennett.

Pozno tisto noč so prispeli do velikega tabora ob jezeru Bennett.

Miles de buscadores de oro estaban allí, construyendo barcos para la primavera.

Tam je bilo na tisoče iskalcev zlata, ki so gradili čolne za pomlad.

El hielo se rompería pronto y tenían que estar preparados.

Led se bo kmalu stopil in morali so biti pripravljeni.

Buck cavó su hoyo en la nieve y cayó en un sueño profundo.

Buck si je izkopal luknjo v snegu in trdno zaspal.

Durmió como un trabajador, exhausto por la dura jornada de trabajo.

Spal je kot delavec, izčrpan od napornega dneva dela.

Pero demasiado pronto, en la oscuridad, fue sacado del sueño.

Toda prezgodaj v temi so ga zbudili iz spanca.

Fue enganchado nuevamente con sus compañeros y sujeto al trineo.

Ponovno so ga vpregli skupaj s tovariši in ga privezali na sani.

Aquel día hicieron cuarenta millas, porque la nieve estaba muy pisoteada.

Tisti dan so prevozili štirideset milj, ker je bil sneg dobro uhojen.

Al día siguiente, y durante muchos días más, la nieve estaba blanda.

Naslednji dan in še mnogo dni zatem je bil sneg mehak.

Tuvieron que hacer el camino ellos mismos, trabajando más duro y moviéndose más lento.
Pot so si morali utreti sami, pri čemer so delali bolj intenzivno in se premikali počasneje.
Por lo general, Perrault caminaba delante del equipo con raquetas de nieve palmeadas.
Običajno je Perrault hodil pred ekipo s krpljami, prepletenimi s plavalno mrežo.
Sus pasos compactaron la nieve, facilitando el movimiento del trineo.
Njegovi koraki so zbili sneg, zaradi česar so se sani lažje premikale.
François, que dirigía el barco desde la dirección, a veces tomaba el relevo.
François, ki je krmaril z merilnega droga, je včasih prevzel krmilo.
Pero era raro que François tomara la iniciativa.
A François je le redko prevzel vodstvo.
porque Perrault tenía prisa por entregar las cartas y los paquetes.
ker se je Perraultu mudilo z dostavo pisem in paketov.
Perrault estaba orgulloso de su conocimiento de la nieve, y especialmente del hielo.
Perrault je bil ponosen na svoje znanje o snegu, še posebej o ledu.
Ese conocimiento era esencial porque el hielo en otoño era peligrosamente delgado.
To znanje je bilo bistveno, saj je bil jesenski led nevarno tanek.
Allí donde el agua fluía rápidamente bajo la superficie, no había hielo en absoluto.
Kjer je voda pod površino hitro tekla, ledu sploh ni bilo.

Día tras día, la misma rutina se repetía sin fin.
Dan za dnem se je ista rutina ponavljala brez konca.
Buck trabajó incansablemente en las riendas desde el amanecer hasta la noche.
Buck se je od zore do noči neskončno trudil z vajeti.

Abandonaron el campamento en la oscuridad, mucho antes de que saliera el sol.
Tabor so zapustili v temi, veliko preden je sonce vzšlo.

Cuando amaneció, ya habían recorrido muchos kilómetros.
Ko se je zdanilo, je bilo za njimi že veliko kilometrov.

Acamparon después del anochecer, comieron pescado y excavaron en la nieve.
Tabor so postavili po temi, jedli ribe in se zakopali v sneg.

Buck siempre tenía hambre y nunca estaba realmente satisfecho con su ración.
Buck je bil vedno lačen in nikoli zares zadovoljen s svojim obrokom.

Recibía una libra y media de salmón seco cada día.
Vsak dan je prejel funt in pol posušenega lososa.

Pero la comida parecía desaparecer dentro de él, dejando atrás el hambre.
A zdelo se je, da hrana v njem izgine in za seboj pusti lakoto.

Sufría constantes dolores de hambre y soñaba con más comida.
Trpel je zaradi nenehnih napadov lakote in sanjal je o več hrane.

Los otros perros sólo ganaron una libra, pero se mantuvieron fuertes.
Drugi psi so dobili le pol kilograma hrane, vendar so ostali močni.

Eran más pequeños y habían nacido en la vida del norte.
Bili so manjši in so se rodili v severnem načinu življenja.

Perdió rápidamente la meticulosidad que había caracterizado su antigua vida.
Hitro je izgubil pedantnost, ki je zaznamovala njegovo prejšnje življenje.

Había sido un comensal delicado, pero ahora eso ya no era posible.
Bil je slasten jedec, zdaj pa to ni bilo več mogoče.

Sus compañeros terminaron primero y le robaron su ración sobrante.

Njegovi prijatelji so prvi končali in ga oropali njegovega neporabljenega obroka.

Una vez que empezaron, no había forma de defender su comida de ellos.

Ko so enkrat začeli, ni bilo več načina, da bi pred njimi ubranil svoje hrane.

Mientras él luchaba contra dos o tres perros, los otros le robaron el resto.

Medtem ko se je boril z dvema ali tremi psi, so drugi ukradli preostale.

Para solucionar esto, comenzó a comer tan rápido como los demás.

Da bi to popravil, je začel jesti tako hitro kot drugi.

El hambre lo empujó tan fuerte que incluso tomó comida que no era suya.

Lakota ga je tako močno gnala, da je jedel celo hrano, ki ni bila njegova.

Observó a los demás y aprendió rápidamente de sus acciones.

Opazoval je druge in se iz njihovih dejanj hitro učil.

Vio a Pike, un perro nuevo, robarle una rebanada de tocino a Perrault.

Videl je Pikea, novega psa, kako je Perraultu ukradel rezino slanine.

Pike había esperado hasta que Perrault se dio la espalda para robarle el tocino.

Pike je počakal, da se Perrault obrne proti njemu, preden mu je ukradel slanino.

Al día siguiente, Buck copió a Pike y robó todo el trozo.

Naslednji dan je Buck kopiral Pikea in ukradel celoten kos.

Se produjo un gran alboroto, pero no se sospechó de Buck.

Sledil je velik hrup, a Bucka nihče ni sumil.

Dub, un perro torpe que siempre era atrapado, fue castigado.

Namesto tega je bil kaznovan Dub, neroden pes, ki se je vedno pustil ujeti.

Ese primer robo marcó a Buck como un perro apto para sobrevivir en el Norte.

Ta prva tatvina je Bucka označila za psa, primernega za preživetje na severu.

Demostró que podía adaptarse a nuevas condiciones y aprender rápidamente.

Pokazal je, da se zna hitro prilagajati novim razmeram in se učiti.

Sin esa adaptabilidad, habría muerto rápida y gravemente.

Brez takšne prilagodljivosti bi hitro in hudo umrl.

También marcó el colapso de su naturaleza moral y de sus valores pasados.

To je zaznamovalo tudi zlom njegove moralne narave in preteklih vrednot.

En el Sur, había vivido bajo la ley del amor y la bondad.

V Južni deželi je živel po zakonu ljubezni in prijaznosti.

Allí tenía sentido respetar la propiedad y los sentimientos de los otros perros.

Tam je bilo smiselno spoštovati lastnino in čustva drugih psov.

Pero en el Norte se aplicaba la ley del garrote y la ley del colmillo.

Toda Severnjaki so sledili zakonu palice in zakonu zob.

Quienquiera que respetara los viejos valores aquí sería un tonto y fracasaría.

Kdorkoli je tukaj spoštoval stare vrednote, je bil neumen in bi propadel.

Buck no razonó todo esto en su mente.

Buck si ni vsega tega premislil.

Estaba en forma y se adaptó sin necesidad de pensar.

Bil je v formi, zato se je prilagodil, ne da bi moral razmišljati.

Durante toda su vida, nunca había huido de una pelea.

Vse življenje ni nikoli pobegnil pred pretepom.

Pero el garrote de madera del hombre del suéter rojo cambió esa regla.

Toda lesena palica moškega v rdečem puloverju je to pravilo spremenila.

Ahora seguía un código más profundo y antiguo escrito en su ser.

Zdaj je sledil globlji, starejši kodi, vpisani v njegovo bitje.

No robó por placer sino por el dolor del hambre.

Ni kradel iz užitka, ampak iz bolečine lakote.

Él nunca robaba abiertamente, sino que hurtaba con astucia y cuidado.

Nikoli ni odkrito ropal, ampak je kradel zvito in previdno.

Actuó por respeto al garrote de madera y por miedo al colmillo.

Ravnal je iz spoštovanja do lesene palice in strahu pred očnjakom.

En resumen, hizo lo que era más fácil y seguro que no hacerlo.

Skratka, naredil je tisto, kar je bilo lažje in varneje kot pa da tega ne stori.

Su desarrollo —o quizás su regreso a los viejos instintos— fue rápido.

Njegov razvoj – ali morda njegova vrnitev k starim nagonom – je bil hiter.

Sus músculos se endurecieron hasta sentirse tan fuertes como el hierro.

Njegove mišice so se otrdele, dokler niso bile močne kot železo.

Ya no le importaba el dolor, a menos que fuera grave.

Bolečina ga ni več zanimala, razen če je bila resna.

Se volvió eficiente por dentro y por fuera, sin desperdiciar nada.

Postal je učinkovit znotraj in zunaj, pri čemer ni zapravljal ničesar.

Podía comer cosas viles, podridas o difíciles de digerir.

Lahko je jedel stvari, ki so bile gnusne, gnile ali težko prebavljive.

Todo lo que comía, su estómago aprovechaba hasta el último vestigio de valor.

Karkoli je pojedel, je njegov želodec porabil vse, kar je bilo dragoceno.

Su sangre transportaba los nutrientes a través de su poderoso cuerpo.

Njegova kri je hranila prenašala daleč po njegovem močnem telesu.

Esto creó tejidos fuertes que le dieron una resistencia increíble.

To je zgradilo močna tkiva, ki so mu dala neverjetno vzdržljivost.

Su vista y su olfato se volvieron mucho más sensibles que antes.

Njegov vid in voh sta postala veliko bolj občutljiva kot prej.

Su audición se agudizó tanto que podía detectar sonidos débiles durante el sueño.

Njegov sluh se je tako izostril, da je lahko med spanjem zaznal rahle zvoke.

Sabía en sueños si los sonidos significaban seguridad o peligro.

V sanjah je vedel, ali zvoki pomenijo varnost ali nevarnost.

Aprendió a morder el hielo entre los dedos de los pies con los dientes.

Naučil se je z zobmi grizeti led med prsti na nogah.

Si un charco de agua se congelaba, rompía el hielo con las piernas.

Če je vodna luknja zamrznila, je led prebil z nogami.

Se encabritó y golpeó con fuerza el hielo con sus rígidas patas delanteras.

Dvignil se je na zadnje noge in s trdimi sprednjimi okončinami močno udaril ob led.

Su habilidad más sorprendente era predecir los cambios del viento durante la noche.

Njegova najbolj presenetljiva sposobnost je bila napovedovanje sprememb vetra čez noč.

Incluso cuando el aire estaba quieto, elegía lugares protegidos del viento.

Tudi ko je bil zrak miren, je izbiral mesta, zaščitena pred vetrom.

Dondequiera que cavaba su nido, el viento del día siguiente lo pasaba de largo.

Kjerkoli si je izkopal gnezdo, ga je naslednji dan veter šel mimo.

Siempre acababa abrigado y protegido, a sotavento de la brisa.

Vedno se je našel udobno in zaščiteno, v zavetrju pred vetričem.

Buck no sólo aprendió con la experiencia: sus instintos también regresaron.

Buck se ni učil le iz izkušenj – vrnili so se tudi njegovi instinkti.

Los hábitos de las generaciones domesticadas comenzaron a desaparecer.

Navade udomačenih generacij so začele izgubljati.

De manera vaga, recordaba los tiempos antiguos de su raza.

Nekako se je spominjal davnih časov svoje vrste.

Recordó cuando los perros salvajes corrían en manadas por los bosques.

Spomnil se je časov, ko so divji psi v krdelih tekli po gozdovih.

Habían perseguido y matado a su presa mientras la perseguían.

Med zasledovanjem so lovili in ubili svoj plen.

Para Buck fue fácil aprender a pelear con dientes y velocidad.

Buck se je zlahka naučil boriti z zobmi in hitrostjo.

Utilizaba cortes, tajos y chasquidos rápidos igual que sus antepasados.

Uporabljal je reze, poševne reze in hitre udarce, tako kot njegovi predniki.

Aquellos antepasados se agitaron dentro de él y despertaron su naturaleza salvaje.

Ti predniki so se v njem prebudili in prebudili njegovo divjo naravo.

Sus antiguas habilidades habían pasado a él a través de la línea de sangre.

Njihove stare veščine so se nanj prenesle po krvni liniji.

Sus trucos ahora eran suyos, sin necesidad de práctica ni esfuerzo.

Njihovi triki so bili zdaj njegovi, brez vaje ali truda.

En las noches frías y quietas, Buck levantaba la nariz y aullaba.
V mirnih, hladnih nočeh je Buck dvignil nos in zavil.
Aulló largo y profundamente, como lo hacían los lobos antaño.
Zavil je dolgo in globoko, kot so to počeli volkovi nekoč davno.
A través de él, sus antepasados muertos apuntaron sus narices y aullaron.
Skozi njega so njegovi mrtvi predniki kazali nosove in zavijali.
Aullaron a través de los siglos con su voz y su forma.
Z njegovim glasom in obliko so tulili skozi stoletja.
Sus cadencias eran las de ellos, viejos gritos que hablaban de dolor y frío.
Njegove kadence so bile njihove, stari kriki, ki so pripovedovali o žalosti in mrazu.
Cantaron sobre la oscuridad, el hambre y el significado del invierno.
Peli so o temi, lakoti in pomenu zime.
Buck demostró cómo la vida está determinada por fuerzas ajenas a uno mismo.
Buck je dokazal, kako življenje oblikujejo sile, ki presegajo samega sebe.
La antigua canción se elevó a través de Buck y se apoderó de su alma.
Starodavna pesem se je dvignila skozi Bucka in ga prevzela v duši.
Se encontró a sí mismo porque los hombres habían encontrado oro en el Norte.
Našel se je, ker so moški na severu našli zlato.
Y se encontró porque Manuel, el ayudante del jardinero, necesitaba dinero.
In znašel se je, ker je Manuel, vrtnarjev pomočnik, potreboval denar.

La Bestia Primordial Dominante
Prevladujoča prvobitna zver

La bestia primordial dominante era tan fuerte como siempre en Buck.

Dominantna prvobitna zver je bila v Bucku močna kot vedno.

Pero la bestia primordial dominante yacía latente en él.

Toda dominantna prvobitna zver je v njem spela.

La vida en el camino era dura, pero fortalecía a la bestia que Buck llevaba dentro.

Življenje na poti je bilo kruto, a je okrepilo zver v Bucku.

En secreto, la bestia se hacía cada día más fuerte.

Zver je na skrivaj postajala vsak dan močnejša in močnejša.

Pero ese crecimiento interior permaneció oculto para el mundo exterior.

Toda ta notranja rast je ostala skrita zunanjemu svetu.

Una fuerza primordial, tranquila y calmada se estaba construyendo dentro de Buck.

V Bucku se je gradila tiha in mirna prvobitna sila.

Una nueva astucia le proporcionó a Buck equilibrio, calma, control y aplomo.

Nova zvitost je Bucku dala ravnotežje, miren nadzor in držo.

Buck se concentró mucho en adaptarse, sin sentirse nunca totalmente relajado.

Buck se je močno osredotočil na prilagajanje, nikoli se ni počutil popolnoma sproščenega.

Él evitaba los conflictos, nunca iniciaba peleas ni buscaba problemas.

Izogibal se je konfliktom, nikoli ni začenjal prepirov ali iskal težav.

Una reflexión lenta y constante moldeó cada movimiento de Buck.

Počasna, enakomerna premišljenost je oblikovala vsako Buckovo potezo.

Evitó las elecciones precipitadas y las decisiones repentinas e imprudentes.

Izogibal se je prenagljenim odločitvam in nenadnim, nepremišljenim odločitvam.

Aunque Buck odiaba profundamente a Spitz, no le mostró ninguna agresión.

Čeprav je Buck globoko sovražil Spitza, ni kazal nobene agresije do njega.

Buck nunca provocó a Spitz y mantuvo sus acciones moderadas.

Buck ni nikoli izzival Spitza in je svoja dejanja držal zadržan.

Spitz, por otro lado, percibió el creciente peligro en Buck.

Spitz pa je začutil naraščajočo nevarnost v Bucku.

Él veía a Buck como una amenaza y un serio desafío a su poder.

Bucka je videl kot grožnjo in resen izziv svoji moči.

Aprovechó cada oportunidad para gruñir y mostrar sus afilados dientes.

Izkoristil je vsako priložnost, da je zarenčal in pokazal svoje ostre zobe.

Estaba tratando de iniciar la pelea mortal que estaba por venir.

Poskušal je začeti smrtonosni boj, ki je moral priti.

Al principio del viaje casi se desató una pelea entre ellos.

Na začetku potovanja se je med njima skoraj vnel pretep.

Pero un accidente inesperado detuvo la pelea.

Toda nepričakovana nesreča je preprečila pretep.

Esa tarde acamparon en el gélido lago Le Barge.

Tistega večera so postavili tabor ob mrzlem jezeru Le Barge.

La nieve caía con fuerza y el viento cortaba como un cuchillo.

Sneg je močno padal, veter pa je rezal kot nož.

La noche había llegado demasiado rápido y la oscuridad los rodeaba.

Noč je prišla prehitro in tema jih je obdajala.

Difícilmente podrían haber elegido un peor lugar para descansar.

Težko bi si lahko izbrali slabši kraj za počitek.

Los perros buscaban desesperadamente un lugar donde tumbarse.
Psi so obupano iskali prostor, kjer bi se lahko ulegli.
Detrás del pequeño grupo se alzaba una alta pared de roca.
Za majhno skupino se je strmo dvigala visoka skalna stena.
La tienda de campaña había sido abandonada en Dyea para aligerar la carga.
Šotor so pustili v Dyei, da bi olajšali breme.
No les quedó más remedio que hacer el fuego sobre el propio hielo.
Niso imeli druge izbire, kot da ogenj zakurijo na ledu.
Extendieron sus batas para dormir directamente sobre el lago helado.
Svoje spalne halje so razprostrli neposredno na zamrznjenem jezeru.
Unos cuantos palitos de madera flotante les dieron un poco de fuego.
Nekaj naplavljenih lesenih palic jim je dalo malo ognja.
Pero el fuego se construyó sobre el hielo y se descongeló a través de él.
Toda ogenj je bil zaneten na ledu in se je skozenj stopil.
Al final, estaban comiendo su cena en la oscuridad.
Končno so večerjali v temi.
Buck se acurrucó junto a la roca, protegido del viento frío.
Buck se je zvil ob skali, zaveten pred mrzlim vetrom.
El lugar era tan cálido y seguro que Buck odiaba mudarse.
Kraj je bil tako topel in varen, da se Buck ni hotel odseliti.
Pero François había calentado el pescado y estaba repartiendo raciones.
Toda François je pogrel ribo in delil obroke.
Buck terminó de comer rápidamente y regresó a su cama.
Buck je hitro pojedel in se vrnil v posteljo.
Pero Spitz ahora estaba acostado donde Buck había hecho su cama.
Toda Spitz je zdaj ležal tam, kjer mu je Buck postavil posteljo.
Un gruñido bajo advirtió a Buck que Spitz se negaba a moverse.

Tih renčanje je Bucka opozorilo, da se Spitz noče premakniti.

Hasta ahora, Buck había evitado esta pelea con Spitz.

Do sedaj se je Buck temu boju s Spitzom izogibal.

Pero en lo más profundo de Buck la bestia finalmente se liberó.

Toda globoko v Bucku se je zver končno sprostila.

El robo de su lugar para dormir era algo demasiado difícil de tolerar.

Kraja njegovega spalnega prostora je bila preveč huda, da bi jo prenesel.

Buck se lanzó hacia Spitz, lleno de ira y rabia.

Buck se je poln jeze in besa pognal proti Spitzu.

Hasta ahora Spitz había pensado que Buck era sólo un perro grande.

Do nedavnega je Spitz mislil, da je Buck samo velik pes.

No creía que Buck hubiera sobrevivido a través de su espíritu.

Ni mislil, da je Buck preživel po zaslugi svojega duha.

Esperaba miedo y cobardía, no furia y venganza.

Pričakoval je strah in strahopetnost, ne pa besa in maščevanja.

François se quedó mirando mientras los dos perros salían del nido en ruinas.

François je strmel, ko sta oba psa planila iz porušenega gnezda.

Comprendió de inmediato lo que había iniciado la salvaje lucha.

Takoj je razumel, kaj je sprožilo divji boj.

—¡Ah! —gritó François en apoyo del perro marrón.

„Aa-ah!" je François vzkliknil v podporo rjavemu psu.

¡Dale una paliza! ¡Por Dios, castiga a ese ladrón astuto!

"Daj mu tep! Pri Bogu, kaznuj tega prebrisanega tatu!"

Spitz mostró la misma disposición y un entusiasmo salvaje por luchar.

Spitz je pokazal enako pripravljenost in divjo vnemo za boj.

Gritó de rabia mientras giraba rápidamente en busca de una abertura.

Medtem ko je hitro krožil in iskal odprtino, je besno zavpil.

Buck mostró el mismo hambre de luchar y la misma cautela.
Buck je pokazal enako lakoto po boju in enako previdnost.
También rodeó a su oponente, intentando obtener la ventaja en la batalla.
Obkrožil je tudi svojega nasprotnika in poskušal pridobiti premoč v boju.
Entonces sucedió algo inesperado y lo cambió todo.
Potem se je zgodilo nekaj nepričakovanega in vse spremenilo.
Ese momento retrasó la eventual lucha por el liderazgo.
Ta trenutek je odložil morebitni boj za vodstvo.
Muchos kilómetros de camino y lucha aún nos esperaban antes del final.
Pred koncem je čakalo še veliko kilometrov poti in truda.
Perrault gritó un juramento cuando un garrote impactó contra el hueso.
Perrault je zakričal, ko je palica udarila ob kost.
Se escuchó un agudo grito de dolor y luego el caos explotó por todas partes.
Sledil je oster krik bolečine, nato pa je naokoli eksplodiral kaos.
En el campamento se movían figuras oscuras: perros esquimales salvajes, hambrientos y feroces.
V taboru so se premikale temne postave; divji haskiji, sestradani in divji.
Cuatro o cinco docenas de perros esquimales habían olfateado el campamento desde lejos.
Štiri ali pet ducatov haskijev je že od daleč zavohalo tabor.
Se habían colado sigilosamente mientras los dos perros peleaban cerca.
Tiho so se priplazili noter, medtem ko sta se v bližini prepirala psa.
François y Perrault atacaron con garrotes a los invasores.
François in Perrault sta planila v napad in zamahnila s palicami proti napadalcem.
Los perros esquimales hambrientos mostraron los dientes y contraatacaron frenéticamente.
Sestradani haskiji so pokazali zobe in se besno branili.

El olor a carne y a pan les había hecho perder todo miedo.
Vonj mesa in kruha jih je pregnal izven strahu.
Perrault golpeó a un perro que había enterrado su cabeza en el cajón de comida.
Perrault je pretepel psa, ki je zakopal glavo v hlevu za hrano.
El golpe fue muy fuerte y la caja se volcó, derramándose comida.
Udarec je bil močan, škatla se je prevrnila in hrana se je razsula ven.
En cuestión de segundos, una veintena de bestias salvajes destrozaron el pan y la carne.
V nekaj sekundah je množica divjih zveri raztrgala kruh in meso.
Los garrotes de los hombres asestaron golpe tras golpe, pero ningún perro se apartó.
Moške palice so zadajale udarec za udarcem, a noben pes se ni obrnil stran.
Aullaron de dolor, pero lucharon hasta que no quedó comida.
Zavpili so od bolečine, a se borili, dokler jim ni ostalo nič hrane.
Mientras tanto, los perros de trineo habían saltado de sus camas nevadas.
Medtem so vlečni psi poskočili iz svojih zasneženih ležišč.
Fueron atacados instantáneamente por los feroces y hambrientos huskies.
Takoj so jih napadli zlobni lačni haskiji.
Buck nunca había visto criaturas tan salvajes y hambrientas antes.
Buck še nikoli ni videl tako divjih in sestradanih bitij.
Su piel colgaba suelta, ocultando apenas sus esqueletos.
Njihova koža je visela ohlapno in komaj skrivala okostja.
Había un fuego en sus ojos, de hambre y locura.
V njihovih očeh je gorel ogenj od lakote in norosti
No había manera de detenerlos, de resistirse a su ataque salvaje.

Ni jih bilo mogoče ustaviti; ni se bilo mogoče upreti njihovemu divjemu navalu.

Los perros de trineo fueron empujados hacia atrás y presionados contra la pared del acantilado.

Vprežne pse so potisnili nazaj, pritisnili ob steno pečine.

Tres perros esquimales atacaron a Buck a la vez, desgarrando su carne.

Trije haskiji so hkrati napadli Bucka in mu trgali meso.

La sangre le brotaba de la cabeza y de los hombros, donde había recibido el corte.

Kri mu je tekla iz glave in ramen, kjer je bil porezan.

El ruido llenó el campamento: gruñidos, aullidos y gritos de dolor.

Hrup je napolnil tabor; renčanje, cviljenje in kriki bolečine.

Billee gritó fuerte, como siempre, atrapada en la pelea y el pánico.

Billee je kot ponavadi glasno jokala, ujeta v prepiru in paniki.

Dave y Solleks estaban uno al lado del otro, sangrando pero desafiantes.

Dave in Solleks sta stala drug ob drugem, krvavela, a kljubovalna.

Joe peleó como un demonio, mordiendo todo lo que se acercaba.

Joe se je boril kot demon in grizel vse, kar se mu je približalo.

Aplastó la pata de un husky con un brutal chasquido de sus mandíbulas.

Z enim brutalnim sunkom čeljusti je zdrobil haskiju nogo.

Pike saltó sobre el husky herido y le rompió el cuello instantáneamente.

Ščuka je skočila na ranjenega haskija in mu v trenutku zlomila vrat.

Buck agarró a un husky por el cuello y le arrancó la vena.

Buck je zgrabil haskija za grlo in mu raztrgal žilo.

La sangre salpicó y el sabor cálido llevó a Buck al frenesí.

Kri je brizgala, topel okus pa je Bucka spravil v blaznost.

Se abalanzó sobre otro atacante sin dudarlo.

Brez oklevanja se je vrgel na drugega napadalca.

En ese mismo momento, unos dientes afilados se clavaron en la garganta de Buck.

V istem trenutku so se ostri zobje zarile v Buckovo grlo.

Spitz había atacado desde un costado, sin previo aviso.

Spitz je udaril s strani, napadel je brez opozorila.

Perrault y François habían derrotado a los perros robando la comida.

Perrault in François sta premagala pse, ki so kradli hrano.

Ahora se apresuraron a ayudar a sus perros a luchar contra los atacantes.

Zdaj so hiteli pomagati svojim psom, da bi se uprli napadalcem.

Los perros hambrientos se retiraron mientras los hombres blandían sus garrotes.

Sestradani psi so se umaknili, ko so moški zamahnili s palicami.

Buck se liberó del ataque, pero el escape fue breve.

Buck se je napadu izvlekel, a pobeg je bil kratek.

Los hombres corrieron a salvar a sus perros, y los huskies volvieron a atacarlos.

Moški so stekli rešit svoje pse, haskiji pa so se spet zgrinjali.

Billee, aterrorizado y valiente, saltó hacia la jauría de perros.

Billee, prestrašena do poguma, je skočila v krdelo psov.

Pero luego huyó a través del hielo, presa del terror y el pánico.

Nato pa je v surovi grozi in paniki zbežal čez led.

Pike y Dub los siguieron de cerca, corriendo para salvar sus vidas.

Pike in Dub sta tesno za njima tekla in si reševala življenje.

El resto del equipo se separó y se dispersó, siguiéndolos.

Preostali del ekipe se je razkropil in jim sledil.

Buck reunió sus fuerzas para correr, pero entonces vio un destello.

Buck je zbral moči, da bi stekel, a nato je zagledal blisk.

Spitz se abalanzó sobre el costado de Buck, intentando derribarlo al suelo.

Spitz se je pognal k Bucku in ga poskušal zbiti na tla.

Bajo esa turba de perros esquimales, Buck no habría tenido escapatoria.
Pod to drhaljo haskijev Buck ne bi imel pobega.
Pero Buck se mantuvo firme y se preparó para el golpe de Spitz.
Toda Buck je ostal neomajno in se pripravil na Spitzov udarec.
Luego se dio la vuelta y salió corriendo al hielo con el equipo que huía.
Nato se je obrnil in stekel na led z bežečo ekipo.

Más tarde, los nueve perros de trineo se reunieron al abrigo del bosque.
Kasneje se je devet vprežnih psov zbralo v zavetju gozda.
Ya nadie los perseguía, pero estaban maltratados y heridos.
Nihče jih ni več preganjal, bili pa so pretepeni in ranjeni.
Cada perro tenía heridas: cuatro o cinco cortes profundos en cada cuerpo.
Vsak pes je imel rane; štiri ali pet globokih ureznin na vsakem telesu.
Dub tenía una pata trasera herida y ahora le costaba caminar.
Dub je imel poškodovano zadnjo nogo in je zdaj težko hodil.
Dolly, la perrita más nueva de Dyea, tenía la garganta cortada.
Dolly, najnovejša psička iz Dyee, je imela prerezano grlo.
Joe había perdido un ojo y la oreja de Billee estaba cortada en pedazos.
Joe je izgubil oko, Billee pa je bilo odrezano uho.
Todos los perros lloraron de dolor y derrota durante toda la noche.
Vsi psi so vso noč jokali od bolečine in poraza.
Al amanecer regresaron al campamento doloridos y destrozados.
Ob zori so se priplazili nazaj v tabor, boleči in zlomljeni.
Los perros esquimales habían desaparecido, pero el daño ya estaba hecho.
Huskiji so izginili, a škoda je bila storjena.
Perrault y François estaban de mal humor ante las ruinas.

Perrault in François sta slabe volje stala nad ruševinami.

La mitad de la comida había desaparecido, robada por los ladrones hambrientos.

Polovice hrane je izginilo, saj so jo pograbili lačni tatovi.

Los perros esquimales habían destrozado las ataduras y la lona del trineo.

Haskiji so pretrgali vezi in platno sani.

Todo lo que tenía olor a comida había sido devorado por completo.

Vse, kar je dišalo po hrani, je bilo popolnoma požrto.

Se comieron un par de botas de viaje de piel de alce de Perrault.

Pojedli so par Perraultovih potovalnih škornjev iz losove kože.

Masticaban correas de cuero y arruinaban las correas hasta dejarlas inservibles.

Žvečili so usnjene reise in uničili jermene do te mere, da so bili neuporabni.

François dejó de mirar el látigo roto para revisar a los perros.

François je nehal strmeti v raztrgano bičarko, da bi preveril pse.

—Ah, amigos míos —dijo en voz baja y llena de preocupación.

„Ah, prijatelji moji," je rekel s tihim, zaskrbljenim glasom.

"Tal vez todas estas mordeduras os conviertan en bestias locas."

"Morda vas bodo vsi ti ugrizi spremenili v nore zveri."

—¡Quizás todos sean perros rabiosos, sacredam! ¿Qué opinas, Perrault?

„Morda so vsi nori psi, sveto pismo! Kaj misliš, Perrault?"

Perrault meneó la cabeza; sus ojos estaban oscuros por la preocupación y el miedo.

Perrault je zmajal z glavo, oči so mu bile potemnele od zaskrbljenosti in strahu.

Todavía había cuatrocientas millas entre ellos y Dawson.

Od Dawsona jih je še vedno ločevalo štiristo milj.

La locura canina ahora podría destruir cualquier posibilidad de supervivencia.

Pasja norost bi zdaj lahko uničila vsako možnost preživetja.

Pasaron dos horas maldiciendo y tratando de arreglar el engranaje.

Dve uri so preklinjali in poskušali popraviti opremo.

El equipo herido finalmente abandonó el campamento, destrozado y derrotado.

Ranjena ekipa je končno zapustila tabor, zlomljena in poražena.

Éste fue el camino más difícil hasta ahora y cada paso era doloroso.

To je bila najtežja pot doslej in vsak korak je bil boleč.

El río Treinta Millas no se había congelado y su caudal corría con fuerza.

Reka Trideset milj ni zamrznila in je divje derela.

Sólo en los lugares tranquilos y en los remolinos el hielo logró retenerse.

Le na mirnih mestih in v vrtinčastih vrtincih se je led uspel zadržati.

Pasaron seis días de duro trabajo hasta recorrer las treinta millas.

Šest dni trdega dela je minilo, preden so prevozili trideset milj.

Cada kilómetro del camino traía consigo peligro y amenaza de muerte.

Vsak kilometer poti je prinašal nevarnost in grožnjo smrti.

Los hombres y los perros arriesgaban sus vidas con cada doloroso paso.

Moški in psi so tvegali svoja življenja z vsakim bolečim korakom.

Perrault rompió delgados puentes de hielo una docena de veces diferentes.

Perrault je tanke ledene mostove prebil ducat različnih krat.

Llevó un palo y lo dejó caer sobre el agujero que había hecho su cuerpo.

Nosil je palico in jo spustil čez luknjo, ki jo je naredilo njegovo telo.

Más de una vez ese palo salvó a Perrault de ahogarse.

Ta palica je Perraulta večkrat rešila pred utopitvijo.

La ola de frío se mantuvo firme y el aire estaba a cincuenta grados bajo cero.

Hladen sunek se je vztrajno obdržal, zrak je bil petdeset stopinj pod ničlo.

Cada vez que se caía, Perrault tenía que encender un fuego para sobrevivir.

Vsakič, ko je padel noter, je moral Perrault zakuriti ogenj, da bi preživel.

La ropa mojada se congelaba rápidamente, por lo que la secaba cerca del calor abrasador.

Mokra oblačila so hitro zmrznila, zato jih je sušil blizu močne vročine.

Ningún miedo afectó jamás a Perrault, y eso lo convirtió en mensajero.

Perraulta ni nikoli prevzel strah, in to ga je naredilo za kurirja.

Fue elegido para el peligro y lo afrontó con tranquila resolución.

Izbran je bil za nevarnost in jo je sprejel s tiho odločnostjo.

Avanzó contra el viento, con el rostro arrugado y congelado.

Tiskal se je naprej v veter, njegov zgužvani obraz je bil ozebel.

Desde el amanecer hasta el anochecer, Perrault los condujo hacia adelante.

Od blede zore do mraka jih je Perrault vodil naprej.

Caminó sobre un estrecho borde de hielo que se agrietaba con cada paso.

Hodil je po ozkem ledenem robu, ki je počil z vsakim korakom.

No se atrevieron a detenerse: cada pausa suponía el riesgo de un colapso mortal.

Niso si upali ustaviti – vsak premor je tvegal smrtonosni zlom.

Una vez, el trineo se abrió paso y arrastró a Dave y Buck.

Enkrat so se sani prebile in potegnile Davea in Bucka noter.

Cuando los liberaron, ambos estaban casi congelados.

Ko so ju izvlekli na prostost, sta bila oba skoraj zmrznjena.

Los hombres hicieron un fuego rápidamente para mantener con vida a Buck y Dave.

Moški so hitro zakurili ogenj, da bi Bucka in Davea ohranili pri življenju.

Los perros estaban cubiertos de hielo desde la nariz hasta la cola, rígidos como madera tallada.

Psi so bili od smrčka do repa prekriti z ledom, togi kot izrezljan les.

Los hombres los hicieron correr en círculos cerca del fuego para descongelar sus cuerpos.

Moški so jih vodili v krogih blizu ognja, da bi se jim telesa odtalila.

Se acercaron tanto a las llamas que su pelaje se quemó.

Prišli so tako blizu plamenov, da jim je bila dlaka ožgana.

Luego Spitz rompió el hielo y arrastró al equipo detrás de él.

Spitz je naslednji prebil led in za seboj potegnil ekipo.

La ruptura llegó hasta donde Buck estaba tirando.

Odmor je segal vse do mesta, kjer je Buck vlekel.

Buck se reclinó con fuerza hacia atrás, sus patas resbalaron y temblaron en el borde.

Buck se je močno naslonil nazaj, šape so mu drsele in se tresle na robu.

Dave también se esforzó hacia atrás, justo detrás de Buck en la línea.

Tudi Dave se je napenjal nazaj, tik za Buckom na vrvi.

François tiró del trineo; sus músculos crujían por el esfuerzo.

François je vlekel sani, mišice so mu pokale od napora.

En otra ocasión, el borde del hielo se agrietó delante y detrás del trineo.

Drugič je ledeni rob počil pred in za sanmi.

No tenían otra salida que escalar una pared del acantilado congelado.

Niso imeli druge poti ven, kot da so splezali na zamrznjeno pečino.

De alguna manera Perrault logró escalar el muro; un milagro lo mantuvo con vida.

Perrault je nekako splezal na zid; čudež ga je ohranil pri življenju.

François se quedó abajo, rezando por tener la misma suerte.

François je ostal spodaj in molil za enako srečo.

Ataron todas las correas, amarres y tirantes hasta formar una cuerda larga.

Vsak trak, vrv in sled so zvezali v eno dolgo vrv.

Los hombres subieron cada perro, uno a uno, hasta la cima.

Moški so vsakega psa, enega za drugim, vlekli na vrh.

François subió el último, después del trineo y toda la carga.

François se je povzpel zadnji, za sanmi in celotnim tovorom.

Entonces comenzó una larga búsqueda de un camino para bajar de los acantilados.

Nato se je začelo dolgo iskanje poti navzdol s pečin.

Finalmente descendieron usando la misma cuerda que habían hecho.

Končno so se spustili z isto vrvjo, ki so jo naredili.

La noche cayó cuando regresaron al lecho del río, exhaustos y doloridos.

Zmračilo se je, ko so se izčrpani in boleči vrnili v rečno strugo.

El día completo les había proporcionado sólo un cuarto de milla de ganancia.

Cel dan so porabili za prevoz le četrt milje.

Cuando llegaron a Hootalinqua, Buck estaba agotado.

Ko so prispeli do Hootalinque, je bil Buck izčrpan.

Los demás perros sufrieron igual de mal las condiciones del sendero.

Drugi psi so zaradi razmer na poti trpeli prav tako hudo.

Pero Perrault necesitaba recuperar tiempo y los presionaba cada día.

Toda Perrault je moral vzeti čas nazaj in jih je vsak dan pospeševal.

El primer día viajaron treinta millas hasta Big Salmon.

Prvi dan so prepotovali trideset milj do Big Salmona.

Al día siguiente viajaron treinta y cinco millas hasta Little Salmon.

Naslednji dan so prepotovali petintrideset milj do Little Salmona.

Al tercer día avanzaron a través de cuarenta largas y heladas millas.

Tretji dan so se prebili skozi dolga štirideseta kilometra, po katerih so zmrznili.

Para entonces, se estaban acercando al asentamiento de Five Fingers.

Takrat so se že bližali naselju Pet prstov.

Los pies de Buck eran más suaves que los duros pies de los huskies nativos.

Buckove noge so bile mehkejše od trdih nog domačih haskijev.

Sus patas se habían vuelto tiernas a lo largo de muchas generaciones civilizadas.

Njegove šape so se v mnogih civiliziranih generacijah omehčale.

Hace mucho tiempo, sus antepasados habían sido domesticados por hombres del río o cazadores.

Njegove prednike so davno udomačili rečni možje ali lovci.

Todos los días Buck cojeaba de dolor, caminando sobre sus patas doloridas y en carne viva.

Buck je vsak dan šepal od bolečin in hodil po raztrganih, bolečih tacah.

En el campamento, Buck cayó como un cuerpo sin vida sobre la nieve.

V taboru se je Buck zgrudil na sneg kot brezživo telo.

Aunque estaba hambriento, Buck no se levantó a comer su cena.

Čeprav je bil sestradan, Buck ni vstal, da bi pojedel večerjo.

François le trajo a Buck su ración, poniendo pescado junto a su hocico.

François je prinesel Bucku njegov obrok, pri čemer mu je položil ribe k gobcu.

Cada noche, el conductor frotaba los pies de Buck durante media hora.

Vsako noč je voznik pol ure masiral Buckove noge.

François incluso cortó sus propios mocasines para hacer calzado para perros.

François je celo sam razrezal svoje mokasine, da bi iz njih naredil pasjo obutev.

Cuatro zapatos cálidos le dieron a Buck un gran y bienvenido alivio.

Štirje topli čevlji so Bucku prinesli veliko in dobrodošlo olajšanje.

Una mañana, François olvidó los zapatos y Buck se negó a levantarse.

Nekega jutra je François pozabil čevlje, Buck pa ni hotel vstati.

Buck yacía de espaldas, con los pies en el aire, agitándolos lastimeramente.

Buck je ležal na hrbtu z nogami v zraku in jih žalostno mahal.

Incluso Perrault sonrió al ver la dramática súplica de Buck.

Celo Perrault se je zarežal ob pogledu na Buckovo dramatično prošnjo.

Pronto los pies de Buck se endurecieron y los zapatos pudieron desecharse.

Kmalu so Buckove noge otrdele in čevlje je lahko zavrgel.

En Pelly, durante el periodo de uso del arnés, Dolly emitió un aullido terrible.

Pri Pellyju je Dolly med vprego grozljivo zavpila.

El grito fue largo y lleno de locura, sacudiendo a todos los perros.

Krik je bil dolg in poln norosti, stresel je vsakega psa.

Cada perro se erizaba de miedo sin saber el motivo.

Vsak pes se je od strahu naježil, ne da bi vedel za razlog.

Dolly se volvió loca y se arrojó directamente hacia Buck.

Dolly je ponorela in se vrgla naravnost na Bucka.

Buck nunca había visto la locura, pero el horror llenó su corazón.

Buck še nikoli ni videl norosti, a groza mu je napolnila srce.

Sin pensarlo, se dio la vuelta y huyó presa del pánico absoluto.

Brez pomisleka se je obrnil in v popolni paniki zbežal.

Dolly lo persiguió con los ojos desorbitados y la saliva saliendo de sus mandíbulas.

Dolly ga je lovila, z divjimi očmi in slino, ki ji je letela iz čeljusti.

Ella se mantuvo justo detrás de Buck, sin ganar terreno ni quedarse atrás.

Držala se je tik za Buckom, ga nikoli ni dohitevala in nikoli ni nazadovala.

Buck corrió a través del bosque, bajó por la isla y cruzó el hielo irregular.

Buck je tekel skozi gozd, po otoku, čez nazobčan led.

Cruzó hacia una isla, luego hacia otra, dando la vuelta nuevamente hasta el río.

Prečkal je do enega otoka, nato do drugega in se nato vrnil k reki.

Aún así Dolly lo persiguió, con su gruñido detrás de cada paso.

Dolly ga je še vedno lovila in renčala za njim na vsakem koraku.

Buck podía oír su respiración y su rabia, aunque no se atrevía a mirar atrás.

Buck je slišal njeno dihanje in bes, čeprav si ni upal pogledati nazaj.

François gritó desde lejos y Buck se giró hacia la voz.

François je zavpil od daleč in Buck se je obrnil proti glasu.

Todavía jadeando en busca de aire, Buck pasó corriendo, poniendo toda su esperanza en François.

Buck je še vedno lovil sapo in stekel mimo, vse upanje pa je polagal v Françoisa.

El conductor del perro levantó un hacha y esperó mientras Buck pasaba volando.

Gonič psa je dvignil sekiro in čakal, ko je Buck priletel mimo.

El hacha cayó rápidamente y golpeó la cabeza de Dolly con una fuerza mortal.

Sekira se je hitro spustila in s smrtonosno silo udarila Dolly v glavo.

Buck se desplomó cerca del trineo, jadeando e incapaz de moverse.

Buck se je zgrudil blizu sani, sopihal in se ni mogel premakniti.

Ese momento le dio a Spitz la oportunidad de golpear a un enemigo exhausto.

Ta trenutek je Spitzu dal priložnost, da udari izčrpanega nasprotnika.

Mordió a Buck dos veces, desgarrando la carne hasta el hueso blanco.

Dvakrat je ugriznil Bucka in mu raztrgal meso do bele kosti.

El látigo de François hizo chasquear el látigo y golpeó a Spitz con toda su fuerza y furia.

Françoisov bič je počil in Spitza udaril z vso, besno silo.

Buck observó con alegría cómo Spitz recibía la paliza más dura que había recibido hasta entonces.

Buck je z veseljem opazoval, kako je Spitz prejel svoje najhujše pretepe doslej.

"Es un demonio ese Spitz", murmuró Perrault para sí mismo.

„Pravi hudič je, ta Spitz,“ si je Perrault mračno zamrmral.

"Algún día, ese maldito perro matará a Buck, lo juro".

"Kmalu bo ta prekleti pes ubil Bucka – prisežem."

—Ese Buck tiene dos demonios dentro —respondió François asintiendo.

„Ta Buck ima v sebi dva hudiča,“ je odgovoril François s kimanjem.

"Cuando veo a Buck, sé que algo feroz le aguarda dentro".

"Ko gledam Bucka, vem, da v njem čaka nekaj divjega."

"Un día se pondrá furioso y destrozará a Spitz".

"Nekega dne bo ponorel kot ogenj in raztrgal Špica na koščke."

"Masticará a ese perro y lo escupirá en la nieve congelada".

"Tega psa bo prežvečil in izpljunil na zmrznjen sneg."

"Estoy seguro de que lo sé en lo más profundo de mi ser".

"Seveda, to vem globoko v sebi."

A partir de ese momento los dos perros quedaron en guerra.

Od tistega trenutka naprej sta bila psa ukleščena v vojno.

Spitz lideró al equipo y mantuvo el poder, pero Buck lo desafió.

Spitz je vodil ekipo in imel moč, toda Buck je to izzval.

Spitz vio su rango amenazado por este extraño extraño de Southland.

Spitz je videl, da mu ta nenavadni tujec iz Južne Anglije ogroža položaj.

Buck no se parecía a ningún otro perro sureño que Spitz hubiera conocido antes.

Buck ni bil podoben nobenemu južnjaškemu psu, ki ga je Spitz poznal prej.

La mayoría de ellos fracasaron: eran demasiado débiles para sobrevivir al frío y al hambre.

Večina jih je propadla – bili so prešibki, da bi preživeli mraz in lakoto.

Murieron rápidamente bajo el trabajo, las heladas y el lento ardor del hambre.

Hitro so umirali zaradi dela, zmrzali in počasnega gorenja lakote.

Buck se destacó: cada día más fuerte, más inteligente y más salvaje.

Buck je stal izven sebe – močnejši, pametnejši in vsak dan bolj divji.

Prosperó a pesar de las dificultades y creció hasta alcanzar el nivel de los perros esquimales del norte.

V stiski je uspeval in zrasel, da bi se lahko kosal s severnimi haskiji.

Buck tenía fuerza, habilidad salvaje y un instinto paciente y mortal.

Buck je imel moč, divjo spretnost in potrpežljiv, smrtonosni nagon.

El hombre con el garrote había golpeado la temeridad de Buck.

Mož s palico je Bucka pretepel.

La furia ciega desapareció y fue reemplazada por una astucia silenciosa y control.

Slepa jeza je izginila, nadomestila jo je tiha zvitost in nadzor.

Esperó, tranquilo y primario, observando el momento adecuado.

Čakal je, miren in prvinski, iskal je pravi trenutek.

Su lucha por el mando se hizo inevitable y clara.

Njihov boj za poveljstvo je postal neizogiben in jasen.

Buck deseaba el liderazgo porque su espíritu lo exigía.

Buck si je želel vodstva, ker je to zahteval njegov duh.

Lo impulsaba el extraño orgullo nacido del camino y del arnés.

Gnal ga je nenavaden ponos, rojen iz poti in vprege.

Ese orgullo hizo que los perros tiraran hasta caer sobre la nieve.

Zaradi tega ponosa so psi vlekli, dokler se niso zgrudili na sneg.

El orgullo los llevó a dar toda la fuerza que tenían.

Ponos jih je zvabil, da so dali vso svojo moč.

El orgullo puede atraer a un perro de trineo incluso hasta el punto de la muerte.

Ponos lahko zvabi vprežnega psa celo do smrti.

La pérdida del arnés dejó a los perros rotos y sin propósito.

Izguba oprsnice je pse pustila zlomljene in brez smisla.

El corazón de un perro de trineo puede quedar aplastado por la vergüenza cuando se retira.

Srce vlečnega psa lahko ob upokojitvi strje sram.

Dave vivió con ese orgullo mientras arrastraba el trineo desde atrás.

Dave je živel s tem ponosom, ko je vlekel sani od zadaj.

Solleks también lo dio todo con fuerza y lealtad.

Tudi Solleks je dal vse od sebe z mračno močjo in zvestobo.

Cada mañana, el orgullo los transformaba de amargados a decididos.

Vsako jutro jih je ponos iz zagrenjenih spremenil v odločne.

Empujaron todo el día y luego se quedaron en silencio al final del campamento.

Ves dan so se prebijali, nato pa so na koncu tabora utihnili.

Ese orgullo le dio a Spitz la fuerza para poner a raya a los evasores.

Ta ponos je dal Spitzu moč, da je premagal tiste, ki so se izogibali kazni.

Spitz temía a Buck porque Buck tenía ese mismo orgullo profundo.

Spitz se je bal Bucka, ker je Buck nosil isti globok ponos.

El orgullo de Buck ahora se agitó contra Spitz, y no se detuvo.

Buckov ponos se je zdaj zbudil proti Spitzu in ni se ustavil.

Buck desafió el poder de Spitz y le impidió castigar a los perros.

Buck je kljuboval Spitzovi moči in mu preprečil, da bi kaznoval pse.

Cuando otros fallaron, Buck se interpuso entre ellos y su líder.

Ko je drugim spodletelo, je Buck stopil mednje in njihovega vodjo.

Lo hizo con intención, dejando claro y abierto su desafío.

To je storil namerno, s čimer je svoj izziv postavil odprto in jasno.

Una noche, una fuerte nevada cubrió el mundo con un profundo silencio.

Neke noči je močan sneg zakril svet v globoko tišino.

A la mañana siguiente, Pike, perezoso como siempre, no se levantó para ir a trabajar.

Naslednje jutro Pike, len kot vedno, ni vstal za delo.

Se quedó escondido en su nido bajo una gruesa capa de nieve.

Skril se je v svojem gnezdu pod debelo plastjo snega.

François gritó y buscó, pero no pudo encontrar al perro.

François je poklical in iskal, vendar psa ni mogel najti.

Spitz se puso furioso y atravesó furioso el campamento cubierto de nieve.

Spitz se je razjezil in se pognal skozi zasneženi tabor.

Gruñó y olfateó, cavando frenéticamente con ojos llameantes.

Rjovel je in vohal, divje kopal z gorečimi očmi.

Su rabia era tan feroz que Pike tembló de miedo bajo la nieve.

Njegova jeza je bila tako silovita, da se je Ščuka od strahu tresla pod snegom.

Cuando finalmente encontraron a Pike, Spitz se abalanzó sobre él para castigar al perro que estaba escondido.

Ko so Pikea končno našli, se je Spitz pognal, da bi kaznoval skritega psa.

Pero Buck saltó entre ellos con una furia igual a la de Spitz.

Toda Buck je skočil med njiju z besom, enakim Spitzovemu.

El ataque fue tan repentino e inteligente que Spitz cayó al suelo.

Napad je bil tako nenaden in spreten, da je Spitz padel z nog.

Pike, que estaba temblando, se animó ante este desafío.

Pike, ki se je tresel, je zaradi tega kljubovanja dobil pogum.

Saltó sobre el Spitz caído, siguiendo el audaz ejemplo de Buck.

Skočil je na padlega Špica in sledil Buckovemu drznemu zgledu.

Buck, que ya no estaba obligado por la justicia, se unió a la huelga de Spitz.

Buck, ki ga ni več vezovala pravičnost, se je pridružil stavki na Spitzu.

François, divertido pero firme en su disciplina, blandió su pesado látigo.

François, zabavan, a hkrati odločen v disciplini, je zamahnil s težkim bičem.

Golpeó a Buck con todas sus fuerzas para acabar con la pelea.

Z vso močjo je udaril Bucka, da bi prekinil pretep.

Buck se negó a moverse y se quedó encima del líder caído.

Buck se ni hotel premakniti in je ostal na vrhu padlega vodje.

François entonces utilizó el mango del látigo y golpeó con fuerza a Buck.

François je nato uporabil ročaj biča in močno udaril Bucka.

Tambaleándose por el golpe, Buck cayó hacia atrás bajo el asalto.

Buck se je opotekel od udarca in se pod napadom zgrudil nazaj.

François golpeó una y otra vez mientras Spitz castigaba a Pike.

François je znova in znova udarjal, medtem ko je Spitz kaznoval Pikea.

Pasaron los días y Dawson City estaba cada vez más cerca.
Dnevi so minevali in Dawson City se je vedno bolj približeval.
Buck seguía interfiriendo, interponiéndose entre Spitz y otros perros.
Buck se je nenehno vmešaval in se vtikal med Špica in druge pse.
Elegía bien sus momentos, esperando siempre que François se marchase.
Dobro je izbiral trenutke in vedno čakal, da François odide.
La rebelión silenciosa de Buck se extendió y el desorden se arraigó en el equipo.
Buckov tihi upor se je širil in v ekipi se je ukoreninil nered.
Dave y Solleks se mantuvieron leales, pero otros se volvieron rebeldes.
Dave in Solleks sta ostala zvesta, drugi pa so postali neubogljivi.
El equipo empeoró: se volvió inquieto, pendenciero y fuera de lugar.
Ekipa je postajala vse slabša – nemirna, prepirljiva in neprimerna.
Ya nada funcionaba con fluidez y las peleas se volvieron algo habitual.
Nič več ni delovalo gladko in prepiri so postali nekaj običajnega.
Buck permaneció en el corazón del problema, provocando siempre malestar.
Buck je ostal v središču težav in vedno izzival nemire.
François se mantuvo alerta, temeroso de la pelea entre Buck y Spitz.
François je ostal pozoren, saj se je bal pretepa med Buckom in Spitzem.
Cada noche, las peleas lo despertaban, temiendo que finalmente llegara el comienzo.
Vsako noč so ga prebujali pretepi, saj se je bal, da je končno prišel začetek.
Saltó de su túnica, dispuesto a detener la pelea.

Skočil je s svoje halje, pripravljen prekiniti pretep.

Pero el momento nunca llegó y finalmente llegaron a Dawson.

Vendar trenutek ni nikoli prišel in končno so prispeli v Dawson.

El equipo entró en la ciudad una tarde sombría, tensa y silenciosa.

Ekipa je nekega mračnega popoldneva vstopila v mesto, napeta in tiha.

La gran batalla por el liderazgo todavía estaba suspendida en el aire.

Veliki boj za vodstvo je še vedno visel v ledenem zraku.

Dawson estaba lleno de hombres y perros de trineo, todos ocupados con el trabajo.

Dawson je bil poln moških in vprežnih psov, vsi zaposleni z delom.

Buck observó a los perros tirar cargas desde la mañana hasta la noche.

Buck je od jutra do večera opazoval pse, kako vlečejo tovore.

Transportaban troncos y leña y transportaban suministros a las minas.

Prevažali so hlode in drva, prevažali zaloge v rudnike.

Donde antes trabajaban los caballos en las tierras del sur, ahora trabajaban los perros.

Kjer so nekoč na jugu delali konji, so zdaj delali psi.

Buck vio algunos perros del sur, pero la mayoría eran huskies parecidos a lobos.

Buck je videl nekaj psov z juga, vendar je bila večina volkov podobnih haskijev.

Por la noche, como un reloj, los perros alzaban sus voces cantando.

Ponoči so psi, kot ura, dvignili glas v pesmi.

A las nueve, a las doce y de nuevo a las tres, empezó el canto.

Ob devetih, ob polnoči in spet ob treh se je začelo petje.

A Buck le encantaba unirse a su canto misterioso, de sonido salvaje y antiguo.

Buck se je rad pridružil njihovemu srhljivemu napevu, divjemu in starodavnemu po zvoku.

La aurora llameó, las estrellas bailaron y la nieve cubrió la tierra.

Aurora je gorela, zvezde so plesale in sneg je prekrival deželo.

El canto de los perros se elevó como un grito contra el silencio y el frío intenso.

Pasji spev se je dvignil kot krik proti tišini in hudemu mrazu.

Pero su aullido contenía tristeza, no desafío, en cada larga nota.

Toda v vsakem dolgem tonu je bilo čutiti žalost, ne kljubovanja.

Cada grito lamentable estaba lleno de súplica: el peso de la vida misma.

Vsak jok je bil poln prošenj; breme samega življenja.

Esa canción era vieja, más vieja que las ciudades y más vieja que los incendios.

Ta pesem je bila stara – starejša od mest in starejša od požarov

Aquella canción era más antigua incluso que las voces de los hombres.

Ta pesem je bila celo starejša od človeških glasov.

Era una canción del mundo joven, cuando todas las canciones eran tristes.

Bila je pesem iz mladega sveta, ko so bile vse pesmi žalostne.

La canción transportaba el dolor de incontables generaciones de perros.

Pesem je nosila žalost neštetih generacij psov.

Buck sintió la melodía profundamente, gimiendo por un dolor arraigado en los siglos.

Buck je melodijo začutil globoko, stokal je od bolečine, zakoreninjene v stoletjih.

Sollozaba por un dolor tan antiguo como la sangre salvaje en sus venas.

Jokal je od žalosti, stare kot divja kri v njegovih žilah.

El frío, la oscuridad y el misterio tocaron el alma de Buck.

Mraz, tema in skrivnost so se dotaknili Buckove duše.

Esa canción demostró hasta qué punto Buck había regresado a sus orígenes.

Ta pesem je dokazala, kako daleč se je Buck vrnil k svojim koreninam.

Entre la nieve y los aullidos había encontrado el comienzo de su propia vida.

Skozi sneg in tuljenje je našel začetek svojega življenja.

Siete días después de llegar a Dawson, partieron nuevamente.

Sedem dni po prihodu v Dawson so se znova odpravili na pot.

El equipo descendió del cuartel hasta el sendero Yukon.

Ekipa se je iz vojašnice spustila na Yukon Trail.

Comenzaron el viaje de regreso hacia Dyea y Salt Water.

Začeli so pot nazaj proti Dyei in Salt Waterju.

Perrault llevaba despachos aún más urgentes que antes.

Perrault je prenašal še bolj nujne pošiljke kot prej.

También se sintió dominado por el orgullo por el sendero y se propuso establecer un récord.

Prevzel ga je tudi ponos na pot in si je zadal cilj postaviti rekord.

Esta vez, varias ventajas estaban del lado de Perrault.

Tokrat je bilo več prednosti na Perraultovi strani.

Los perros habían descansado durante una semana entera y recuperaron su fuerza.

Psi so počivali cel teden in si povrnili moči.

El camino que ellos habían abierto ahora estaba compactado por otros.

Pot, ki so jo utrli, so zdaj utrli drugi.

En algunos lugares, la policía había almacenado comida tanto para perros como para hombres.

Ponekod je policija shranila hrano tako za pse kot za moške.

Perrault viajaba ligero, moviéndose rápido y con poco que lo pesara.

Perrault je potoval z malo prtljage, hitro se je gibal in ga ni bilo kaj obremenjevati.

Llegaron a Sixty-Mile, un recorrido de cincuenta millas, en la primera noche.

Prvo noč so dosegli Sixty-Mile, petdeset milj dolg tek.

El segundo día, se apresuraron a subir por el Yukón hacia Pelly.

Drugi dan so hiteli po Yukonu proti Pellyju.

Pero estos grandes avances implicaron un gran esfuerzo para François.

Toda takšen lep napredek je za Françoisa prinesel veliko truda.

La rebelión silenciosa de Buck había destrozado la disciplina del equipo.

Buckov tihi upor je razbil disciplino v ekipi.

Ya no tiraban juntos como una sola bestia bajo las riendas.

Niso več vlekli skupaj kot ena zver na vajetih.

Buck había llevado a otros al desafío mediante su valiente ejemplo.

Buck je s svojim drznim zgledom druge speljal v kljubovanje.

La orden de Spitz ya no fue recibida con miedo ni respeto.

Spitzovega ukaza niso več sprejemali s strahom ali spoštovanjem.

Los demás perdieron el respeto que le tenían y se atrevieron a resistirse a su gobierno.

Drugi so izgubili strahospoštovanje do njega in si drznili upreti njegovi vladavini.

Una noche, Pike robó medio pescado y se lo comió bajo la mirada de Buck.

Neke noči je Pike ukradel pol ribe in jo pojedel pred Buckovim očesom.

Otra noche, Dub y Joe pelearon contra Spitz y quedaron impunes.

Drugo noč sta se Dub in Joe borila s Spitzom in ostala nekaznovana.

Incluso Billee se quejó con menos dulzura y mostró una nueva agudeza.

Celo Billee je manj sladko cvilila in pokazala novo ostrino.

Buck le gruñó a Spitz cada vez que se cruzaban.

Buck je vsakič, ko sta se križala, renčal na Spitza.

La actitud de Buck se volvió audaz y amenazante, casi como la de un matón.

Buckov odnos je postajal drzen in grozeč, skoraj kot pri nasilnežu.

Caminó delante de Spitz con arrogancia, lleno de amenaza burlona.

Pred Spitzom je hodil bahavo, polno posmehljive grožnje.

Ese colapso del orden se extendió también entre los perros de trineo.

Ta propad reda se je razširil tudi med sankalnimi psi.

Pelearon y discutieron más que nunca, llenando el campamento de ruido.

Prepirali in prepirali so se bolj kot kdaj koli prej, kar je tabor napolnilo s hrupom.

La vida en el campamento se convertía cada noche en un caos salvaje y aullante.

Življenje v taboru se je vsako noč spremenilo v divji, tuleči kaos.

Sólo Dave y Solleks permanecieron firmes y concentrados.

Le Dave in Solleks sta ostala mirna in osredotočena.

Pero incluso ellos se enojaron por las peleas constantes.

A tudi oni so zaradi nenehnih pretepov postali razdražljivi.

François maldijo en lenguas extrañas y pisoteó con frustración.

François je preklinjal v čudnih jezikih in od frustracije topotal z nogami.

Se tiró del pelo y gritó mientras la nieve volaba bajo sus pies.

Pulil si je lase in kričal, medtem ko je sneg letel pod nogami.

Su látigo azotó a la manada, pero apenas logró mantenerlos bajo control.

Njegov bič je švignil čez krdelo, a jih je komaj zadržal v vrsti.

Cada vez que él le daba la espalda, la lucha estallaba de nuevo.

Kadar koli je obrnil hrbet, se je boj znova razplamtel.

François utilizó el látigo para azotar a Spitz, mientras Buck lideraba a los rebeldes.
François je bič uporabil za Spitza, medtem ko je Buck vodil upornike.
Cada uno conocía el papel del otro, pero Buck evitó cualquier culpa.
Vsak je poznal vlogo drugega, vendar se je Buck izogibal vsakršni krivdi.
François nunca sorprendió a Buck iniciando una pelea o eludiendo su trabajo.
François ni nikoli zalotil Bucka pri začenjanju pretepa ali izogibanju delu.
Buck trabajó duro con el arnés; el trabajo ahora emocionaba su espíritu.
Buck je trdo delal v vpregi – delo je zdaj navduševalo njegovega duha.
Pero encontró aún más alegría al provocar peleas y caos en el campamento.
Še več veselja pa je našel v povzročanju pretepov in kaosa v taboru.

Una noche, en la desembocadura del Tahkeena, Dub asustó a un conejo.
Nekega večera je Dub pri Tahkeeninih ustih prestrašil zajca.
Falló el tiro y el conejo con raquetas de nieve saltó lejos.
Zgrešil je ulov in zajec na krpljah je odskočil.
En cuestión de segundos, todo el equipo de trineo los persiguió con gritos salvajes.
V nekaj sekundah se je celotna sančna ekipa z divjimi kriki pognala v lov.
Cerca de allí, un campamento de la Policía del Noroeste albergaba cincuenta perros husky.
V bližini je bilo v taboru severozahodne policije nastanjenih petdeset haskijev.
Se unieron a la caza y navegaron juntos por el río helado.
Pridružila sta se lovu in skupaj sta se spuščala po zamrznjeni reki.

El conejo se desvió del río y huyó hacia el lecho congelado del arroyo.

Zajec je zavil z reke in zbežal po zamrznjeni strugi potoka navzgor.

El conejo saltaba suavemente sobre la nieve mientras los perros se abrían paso con dificultad.

Zajec je rahlo poskakoval po snegu, medtem ko so se psi prebijali skoznje.

Buck lideró la enorme manada de sesenta perros en cada curva.

Buck je vodil ogromno krdelo šestdesetih psov okoli vsakega vijugastega ovinka.

Avanzó lentamente y con entusiasmo, pero no pudo ganar terreno.

Pognal se je naprej, nizko in zagnano, a ni mogel pridobiti prostora.

Su cuerpo brillaba bajo la pálida luna con cada poderoso salto.

Njegovo telo se je ob vsakem močnem skoku bliskalo pod bledo luno.

Más adelante, el conejo se movía como un fantasma, silencioso y demasiado rápido para atraparlo.

Pred nami se je zajec premikal kot duh, tih in prehiter, da bi ga ujel.

Todos esos viejos instintos —el hambre, la emoción— se apoderaron de Buck.

Vsi tisti stari nagoni – lakota, vznemirjenje – so preplavili Bucka.

Los humanos a veces sienten este instinto y se ven impulsados a cazar con armas de fuego y balas.

Ljudje včasih čutijo ta nagon, ki jih žene k lovu s puško in kroglo.

Pero Buck sintió este sentimiento a un nivel más profundo y personal.

Toda Buck je ta občutek čutil na globlji in bolj osebni ravni.

No podían sentir lo salvaje en su sangre como Buck podía sentirlo.

Divjine v svoji krvi niso mogli čutiti tako, kot jo je čutil Buck.

Persiguió carne viva, dispuesto a matar con los dientes y saborear la sangre.

Lovil je živo meso, pripravljen ubiti z zobmi in okusiti kri.

Su cuerpo se tensó de alegría, queriendo bañarse en la cálida vida roja.

Njegovo telo se je napelo od veselja, želelo se je okopati v topli rdeči barvi življenja.

Una extraña alegría marca el punto más alto que la vida puede alcanzar.

Nenavadno veselje označuje najvišjo točko, ki jo lahko življenje doseže.

La sensación de una cima donde los vivos olvidan que están vivos.

Občutek vrha, kjer živi pozabijo, da so sploh živi.

Esta alegría profunda conmueve al artista perdido en una inspiración ardiente.

To globoko veselje se dotakne umetnika, izgubljenega v žarečem navdihu.

Esta alegría se apodera del soldado que lucha salvajemente y no perdona a ningún enemigo.

To veselje prevzame vojaka, ki se divje bori in ne prizanaša nobenemu sovražniku.

Esta alegría ahora se apoderó de Buck mientras lideraba la manada con hambre primaria.

To veselje je zdaj prevzelo Bucka, ko je v prvinski lakoti vodil krdelo.

Aulló con el antiguo grito del lobo, emocionado por la persecución en vida.

Zavil je s starodavnim volčjim krikom, navdušen nad živim lovom.

Buck recurrió a la parte más antigua de sí mismo, perdida en la naturaleza.

Buck se je dotaknil najstarejšega dela sebe, izgubljenega v divjini.

Llegó a lo más profundo, más allá de la memoria, al tiempo crudo y antiguo.

Segel je globoko v sebe, mimo spomina, v surov, starodavni čas.

Una ola de vida pura recorrió cada músculo y tendón.

Val čistega življenja je preplavil vsako mišico in kito.

Cada salto gritaba que vivía, que avanzaba a través de la muerte.

Vsak skok je kričal, da živi, da se premika skozi smrt.

Su cuerpo se elevaba alegremente sobre una tierra quieta y fría que nunca se movía.

Njegovo telo se je veselo dvigalo nad mirno, hladno zemljo, ki se ni nikoli premaknila.

Spitz se mantuvo frío y astuto, incluso en sus momentos más salvajes.

Spitz je ostal hladen in prebrisan, tudi v svojih najbolj divjih trenutkih.

Dejó el sendero y cruzó el terreno donde el arroyo se curvaba ampliamente.

Zapustil je pot in prečkal deželo, kjer se je potok široko zavil.

Buck, sin darse cuenta de esto, permaneció en el sinuoso camino del conejo.

Buck se tega ni zavedal in je ostal na zajčji vijugasti poti.

Entonces, cuando Buck dobló una curva, el conejo fantasmal estaba frente a él.

Potem, ko je Buck zavil za ovinek, se je pred njim pojavil duhu podoben zajec.

Vio una segunda figura saltar desde la orilla delante de la presa.

Videl je drugo postavo, ki je skočila z brega pred plenom.

La figura era Spitz, aterrizando justo en el camino del conejo que huía.

Postava je bila Spitz, ki je pristal naravnost na poti bežečega zajca.

El conejo no pudo girar y se encontró con las fauces de Spitz en el aire.

Zajec se ni mogel obrniti in je v zraku srečal Spitzove čeljusti.

La columna vertebral del conejo se rompió con un chillido tan agudo como el grito de un humano moribundo.

Zajčeva hrbtenica se je zlomila s krikom, ostrim kot krik umirajočega človeka.

Ante ese sonido, la caída de la vida a la muerte, la manada aulló fuerte.

Ob tem zvoku – padcu iz življenja v smrt – je krdelo glasno zavpilo.

Un coro salvaje se elevó detrás de Buck, lleno de oscuro deleite.

Izza Bucka se je zaslišal divji zbor, poln temačnega veselja.

Buck no emitió ningún grito ni sonido y se lanzó directamente hacia Spitz.

Buck ni zavpil, ni izdal nobenega glasu in se je pognal naravnost v Spitza.

Apuntó a la garganta, pero en lugar de eso golpeó el hombro.

Nameril je v grlo, a je namesto tega zadel ramo.

Cayeron sobre la nieve blanda; sus cuerpos trabados en combate.

Premetavali so se po mehkem snegu; njihova telesa so se spopadla v boju.

Spitz se levantó rápidamente, como si nunca lo hubieran derribado.

Spitz je hitro skočil pokonci, kot da ga sploh nihče ni podrl.

Cortó el hombro de Buck y luego saltó para alejarse de la pelea.

Udaril je Bucka v ramo in nato skočil iz boja.

Sus dientes chasquearon dos veces como trampas de acero y sus labios se curvaron y fueron feroces.

Dvakrat so mu zobje skočili kot jeklene pasti, ustnice so bile stisnjene in divje.

Retrocedió lentamente, buscando terreno firme bajo sus pies.

Počasi se je umikal in iskal trdna tla pod nogami.

Buck comprendió el momento instantánea y completamente.

Buck je trenutek razumel takoj in popolnoma.

Había llegado el momento; la lucha iba a ser una lucha a muerte.

Prišel je čas; boj se je odvil na življenje in smrt.

Los dos perros daban vueltas, gruñendo, con las orejas planas y los ojos entrecerrados.

Psa sta krožila okoli njih, renčala, s sploščenimi ušesi in zoženimi očmi.

Cada perro esperaba que el otro mostrara debilidad o un paso en falso.

Vsak pes je čakal, da drugi pokaže šibkost ali napačen korak.

Para Buck, la escena era inquietantemente conocida y recordada profundamente.

Bucku se je prizor zdel nenavadno znan in globoko vtisnjen v spomin.

El bosque blanco, la tierra fría, la batalla bajo la luz de la luna.

Beli gozdovi, mrzla zemlja, bitka pod mesečino.

Un pesado silencio llenó la tierra, profundo y antinatural.

Deželo je napolnila težka tišina, globoka in nenaravna.

Ningún viento se agitó, ninguna hoja se movió, ningún sonido rompió la quietud.

Noben veter se ni premaknil, noben list se ni premaknil, noben zvok ni prekinil tišine.

El aliento de los perros se elevaba como humo en el aire helado y silencioso.

Pasji dih se je dvigal kot dim v ledenem, tihem zraku.

El conejo fue olvidado hace mucho tiempo por la manada de bestias salvajes.

Zajca je trop divjih zveri že zdavnaj pozabil.

Estos lobos medio domesticados ahora permanecían quietos formando un amplio círculo.

Ti napol ukročeni volkovi so zdaj stali pri miru v širokem krogu.

Estaban en silencio, sólo sus ojos brillantes revelaban su hambre.

Bili so tiho, le njihove žareče oči so razkrivale njihovo lakoto.

Su respiración se elevó mientras observaban cómo comenzaba la pelea final.

Zadržala sta dih, ko sta opazovala začetek zadnjega boja.

Para Buck, esta batalla era vieja y esperada, nada extraña.

Za Bucka je bila ta bitka stara in pričakovana, sploh ne nenavadna.

Parecía el recuerdo de algo que siempre estuvo destinado a suceder.

Občutek je bil kot spomin na nekaj, kar se je vedno moralo zgoditi.

Spitz era un perro de pelea entrenado, perfeccionado por innumerables peleas salvajes.

Špic je bil izurjen bojni pes, izpilen z neštetimi divjimi pretepmi.

Desde Spitzbergen hasta Canadá, había vencido a muchos enemigos.

Od Spitzbergna do Kanade je obvladal številne sovražnike.

Estaba lleno de furia, pero nunca dejó controlar la rabia.

Bil je poln besa, a jeze ni nikoli obvladal.

Su pasión era aguda, pero siempre templada por un duro instinto.

Njegova strast je bila ostra, a vedno jo je krotil trd nagon.

Nunca atacó hasta que su propia defensa estuvo en su lugar.

Nikoli ni napadel, dokler ni imel lastne obrambe.

Buck intentó una y otra vez alcanzar el vulnerable cuello de Spitz.

Buck je znova in znova poskušal doseči Spitzov ranljiv vrat.

Pero cada golpe era correspondido con un corte de los afilados dientes de Spitz.

Toda vsak udarec je bil počaščen z rezom Spitzovih ostrih zob.

Sus colmillos chocaron y ambos perros sangraron por los labios desgarrados.

Njuni zobje so se spopadli in oba psa sta krvavela iz raztrganih ustnic.

No importaba cuánto se lanzara Buck, no podía romper la defensa.

Ne glede na to, kako se je Buck pognal v napad, ni mogel prebiti obrambe.

Se puso más furioso y se abalanzó con salvajes ráfagas de poder.

Postajal je vse bolj besen in planil noter z divjimi izbruhi moči.

Una y otra vez, Buck atacó la garganta blanca de Spitz.

Buck je znova in znova udarjal po Spitzovem belem grlu.

Cada vez que Spitz esquivaba el ataque, contraatacaba con un mordisco cortante.

Spitz se je vsakič izognil in udaril nazaj z rezalnim ugrizom.

Entonces Buck cambió de táctica y se abalanzó nuevamente hacia la garganta.

Nato je Buck spremenil taktiko in se spet pognal, kot da bi mu šlo za grlo.

Pero él retrocedió a mitad del ataque y se giró para atacar desde un costado.

A sredi napada se je umaknil in se obrnil, da bi udaril s strani.

Le lanzó el hombro a Spitz con la intención de derribarlo.

Z ramo je zadel Spitza, da bi ga podrl.

Cada vez que lo intentaba, Spitz lo esquivaba y contraatacaba con un corte.

Vsakič, ko je poskusil, se je Spitz izognil in odvrnil z udarcem.

El hombro de Buck se enrojeció cuando Spitz saltó después de cada golpe.

Bucka je bolela rama, ko je Spitz po vsakem udarcu odskočil.

Spitz no había sido tocado, mientras que Buck sangraba por muchas heridas.

Spitza se niso dotaknili, medtem ko je Buck krvavel iz številnih ran.

La respiración de Buck era rápida y pesada y su cuerpo estaba cubierto de sangre.

Buck je hitro in težko dihal, telo pa je imel spolzko od krvi.

La pelea se volvió más brutal con cada mordisco y embestida.

Boj je z vsakim ugrizom in napadom postajal bolj brutalen.

A su alrededor, sesenta perros silenciosos esperaban que cayera el primero.

Okoli njih je šestdeset tihih psov čakalo, da prvi pade.

Si un perro caía, la manada terminaría la pelea.

Če bi en pes padel, bi krdelo končalo boj.

Spitz vio que Buck se estaba debilitando y comenzó a presionar para atacar.

Spitz je videl, da Buck slabi, in začel napadati.

Mantuvo a Buck fuera de equilibrio, obligándolo a luchar para mantener el equilibrio.

Bucka je spravil iz ravnotežja in ga prisilil, da se je moral boriti za oporo.

Una vez Buck tropezó y cayó, y todos los perros se levantaron.

Nekoč se je Buck spotaknil in padel, vsi psi pa so vstali.

Pero Buck se enderezó a mitad de la caída y todos volvieron a caer.

Toda Buck se je sredi padca poravnal in vsi so se spet pogreznili.

Buck tenía algo poco común: una imaginación nacida de un instinto profundo.

Buck je imel nekaj redkega – domišljijo, rojeno iz globokega nagona.

Peleó con impulso natural, pero también peleó con astucia.

Boril se je z naravnim nagonom, a se je boril tudi z zvitostjo.

Cargó de nuevo como si repitiera su truco de ataque con el hombro.

Ponovno je napadel, kot da bi ponavljal svoj trik z napadom z ramo.

Pero en el último segundo, se agachó y pasó por debajo de Spitz.

Toda v zadnjem trenutku se je spustil nizko in pometel pod Spitza.

Sus dientes se clavaron en la pata delantera izquierda de Spitz con un chasquido.

Njegovi zobje so se s poskokom zaskočili za Spitzovo sprednjo levo nogo.

Spitz ahora estaba inestable, con su peso sobre sólo tres patas.

Spitz je zdaj stal nestabilen, saj je težil le na treh nogah.

Buck atacó de nuevo e intentó derribarlo tres veces.

Buck je znova udaril in ga trikrat poskušal podreti.

En el cuarto intento utilizó el mismo movimiento con éxito.

V četrtem poskusu je uspešno uporabil isto potezo.

Esta vez Buck logró morder la pata derecha de Spitz.

Tokrat je Bucku uspelo ugrizniti Spitzovo desno nogo.

Spitz, aunque lisiado y en agonía, siguió luchando por sobrevivir.

Spitz, čeprav pohabljen in v agoniji, se je še naprej boril za preživetje.

Vio que el círculo de huskies se estrechaba, con las lenguas afuera y los ojos brillantes.

Videl je, kako se krog haskijev zoži, z iztegnjenimi jeziki in žarečimi očmi.

Esperaron para devorarlo, tal como habían hecho con los otros.

Čakali so, da ga požrejo, tako kot so storili drugim.

Esta vez, él estaba en el centro; derrotado y condenado.

Tokrat je stal v središču; poražen in obsojen na propad.

Ya no había opción de escapar para el perro blanco.

Beli pes ni imel več možnosti za pobeg.

Buck no mostró piedad, porque la piedad no pertenecía a la naturaleza.

Buck ni pokazal usmiljenja, saj usmiljenje v divjini ni bilo primerno.

Buck se movió con cuidado, preparándose para la carga final.

Buck se je previdno premikal in se pripravljal na zadnji napad.

El círculo de perros esquimales se cerró; sintió sus respiraciones cálidas.

Krog haskijev se je zožil; čutil je njihov topel dih.

Se agacharon, preparados para saltar cuando llegara el momento.

Sklonili so se, pripravljeni skočiti, ko bo prišel pravi trenutek.

Spitz temblaba en la nieve, gruñendo y cambiando su postura.

Spitz se je tresel v snegu, renčal in spreminjal držo.

Sus ojos brillaban, sus labios se curvaron y sus dientes brillaron en una amenaza desesperada.

Oči so mu žarele, ustnice so se mu zvile, zobje pa so se mu zabliskali v obupani grožnji.

Se tambaleó, todavía intentando contener el frío mordisco de la muerte.

Omahnil se je, še vedno poskušajoč zadržati hladen ugriz smrti.

Ya había visto esto antes, pero siempre desde el lado ganador.

To je že videl, ampak vedno z zmagovalne strani.

Ahora estaba en el bando perdedor; el derrotado; la presa; la muerte.

Zdaj je bil na strani poražencev; poražencev; plena; smrti.

Buck voló en círculos para asestar el golpe final, mientras el círculo de perros se acercaba cada vez más.

Buck se je obrnil za zadnji udarec, krog psov se je stisnil bližje.

Podía sentir sus respiraciones calientes; listas para matar.

Čutil je njihov vroč dih; pripravljeni na uboj.

Se hizo un silencio absoluto, todo estaba en su lugar, el tiempo se había detenido.

Zavladala je tišina; vse je bilo na svojem mestu; čas se je ustavil.

Incluso el aire frío entre ellos se congeló por un último momento.

Celo hladen zrak med njima je za zadnji trenutek zmrznil.

Sólo Spitz se movió, intentando contener su amargo final.

Samo Spitz se je premaknil in poskušal zadržati svoj grenki konec.

El círculo de perros se iba cerrando a su alrededor, tal como era su destino.

Krog psov se je ovijal okoli njega, tako kot njegova usoda.

Ahora estaba desesperado, sabiendo lo que estaba a punto de suceder.

Zdaj je bil obupan, saj je vedel, kaj se bo zgodilo.

Buck saltó y hombro con hombro chocó una última vez.

Buck je skočil noter, rama se je srečala še zadnjič.

Los perros se lanzaron hacia adelante, cubriendo a Spitz en la oscuridad nevada.

Psi so planili naprej in v snežni temi prekrili Spitza.

Buck observaba, erguido, vencedor en un mundo salvaje.

Buck je opazoval, stoječ vzravnano; zmagovalec v divjem svetu.

La bestia primordial dominante había cometido su asesinato, y fue bueno.

Dominantna prvobitna zver je ubila svojega, in to je bilo dobro.

Aquel que ha alcanzado la maestría
On, ki je zmagal do mojstrstva

¿Eh? ¿Qué dije? Digo la verdad cuando digo que Buck es un demonio.

„Kaj? Kaj sem rekel? Resnico imam, ko pravim, da je Buck hudič."

François dijo esto a la mañana siguiente después de descubrir que Spitz había desaparecido.

François je to povedal naslednje jutro, potem ko je ugotovil, da Spitz pogreša.

Buck permaneció allí, cubierto de heridas por la feroz pelea.

Buck je stal tam, prekrit z ranami od hudega boja.

François acercó a Buck al fuego y señaló las heridas.

François je potegnil Bucka k ognju in pokazal na poškodbe.

"Ese Spitz peleó como Devik", dijo Perrault, mirando los profundos cortes.

»Ta Spitz se je boril kot Devik,« je rekel Perrault, medtem ko je opazoval globoke rane.

—Y ese Buck peleó como dos demonios —respondió François inmediatamente.

„In ta Buck se je boril kot dva hudiča," je takoj odgovoril François.

"Ahora iremos a buen ritmo; no más Spitz, no más problemas".

"Zdaj bomo kar hitro napredovali; nič več Špica, nič več težav."

Perrault estaba empacando el equipo y cargando el trineo con cuidado.

Perrault je pakiral opremo in skrbno naložil sani.

François enjaezó a los perros para prepararlos para la carrera del día.

François je pse vpregel v pripravah na dnevni tek.

Buck trotó directamente a la posición de liderazgo que alguna vez ocupó Spitz.

Buck je stekel naravnost do vodilnega položaja, ki ga je nekoč zasedal Spitz.

Pero François, sin darse cuenta, condujo a Solleks hacia el frente.

Toda François, ne da bi opazil, je Solleksa vodil naprej.

A juicio de François, Solleks era ahora el mejor perro guía.

Po Françoisovi presoji je bil Solleks zdaj najboljši pes za vodenje.

Buck se abalanzó furioso sobre Solleks y lo hizo retroceder en protesta.

Buck je besno skočil na Solleksa in ga v znak protesta potisnil nazaj.

Se situó en el mismo lugar que una vez estuvo Spitz, ocupando la posición de liderazgo.

Stal je tam, kjer je nekoč stal Spitz, in si prisvojil vodilni položaj.

—¿Eh? ¿Eh? —gritó François, dándose palmadas en los muslos, divertido.

„Kaj? Ka?" je vzkliknil François in se zabavano tlesknil po stegnih.

—Mira a Buck. Mató a Spitz y ahora quiere aceptar el trabajo.

„Poglej Bucka – ubil je Spitza, zdaj pa hoče prevzeti še službo!"

—¡Vete, Chook! —gritó, intentando ahuyentar a Buck.

„Pojdi stran, Chook!" je zavpil in poskušal odgnati Bucka.

Pero Buck se negó a moverse y se mantuvo firme en la nieve.

Toda Buck se ni hotel premakniti in je trdno stal v snegu.

François agarró a Buck por la nuca y lo arrastró a un lado.

François je zgrabil Bucka za rit in ga odvlekel na stran.

Buck gruñó bajo y amenazante, pero no atacó.

Buck je tiho in grozeče zarenčal, vendar ni napadel.

François puso a Solleks de nuevo en cabeza, intentando resolver la disputa.

François je Solleks spet prevzel vodstvo in poskušal rešiti spor.

El perro viejo mostró miedo de Buck y no quería quedarse.

Stari pes se je bal Bucka in ni hotel ostati.

Cuando François le dio la espalda, Buck expulsó nuevamente a Solleks.

Ko se je François obrnil, je Buck spet pregnal Solleksa ven.

Solleks no se resistió y se hizo a un lado silenciosamente una vez más.

Solleks se ni upiral in se je spet tiho umaknil.

François se enojó y gritó: "¡Por Dios, te arreglo!"

François se je razjezil in zavpil:»Pri Bogu, popravil te bom!«

Se acercó a Buck sosteniendo un pesado garrote en su mano.

Prišel je proti Bucku in v roki držal težko palico.

Buck recordaba bien al hombre del suéter rojo.

Buck se je dobro spominjal moškega v rdečem puloverju.

Se retiró lentamente, observando a François, pero gruñendo profundamente.

Počasi se je umikal, opazoval Françoisa, a je pri tem globoko renčal.

No se apresuró a regresar, incluso cuando Solleks ocupó su lugar.

Ni se umaknil, niti ko je Solleks stal na njegovem mestu.

Buck voló en círculos fuera de su alcance, gruñendo con furia y protesta.

Buck je krožil tik pred dosegom, besno in protestno renčajoč.

Mantuvo la vista fija en el palo, dispuesto a esquivarlo si François lanzaba.

Oči je imel uprte v palico, pripravljen se je izogniti, če bi jo François vrgel.

Se había vuelto sabio y cauteloso en cuanto a las costumbres de los hombres con armas.

Postal je moder in previden glede načinov ravnanja z orožjem.

François se dio por vencido y llamó a Buck nuevamente a su antiguo lugar.

François je obupal in spet poklical Bucka na svoje prejšnje mesto.

Pero Buck retrocedió con cautela, negándose a obedecer la orden.

Toda Buck je previdno stopil nazaj in ni hotel ubogati ukaza.

François lo siguió, pero Buck sólo retrocedió unos pasos más.

François mu je sledil, Buck pa se je umaknil le še nekaj korakov.

Después de un tiempo, François arrojó el arma al suelo, frustrado.

Čez nekaj časa je François v frustraciji vrgel orožje na tla.

Pensó que Buck tenía miedo de que le dieran una paliza y que iba a venir sin hacer mucho ruido.

Mislil je, da se Buck boji pretepa in da bo prišel tiho.

Pero Buck no estaba evitando el castigo: estaba luchando por su rango.

Toda Buck se ni izogibal kazni – boril se je za čin.

Se había ganado el puesto de perro líder mediante una pelea a muerte.

Mesto vodilnega psa si je prislužil z bojem na smrt.

No iba a conformarse con nada menos que ser el líder.

Ni se hotel zadovoljiti z nič manj kot s tem, da bi bil vodja.

Perrault participó en la persecución para ayudar a atrapar al rebelde Buck.

Perrault se je vmešal v zasledovanje, da bi pomagal ujeti uporniškega Bucka.

Juntos lo hicieron correr alrededor del campamento durante casi una hora.

Skupaj sta ga skoraj eno uro vodila po taborišču.

Le lanzaron garrotes, pero Buck los esquivó hábilmente.

Metali so ga s palicami, toda Buck se je vsaki spretno izognil.

Lo maldijeron a él, a sus padres, a sus descendientes y a cada cabello que tenía.

Prekleli so njega, njegove prednike, njegove potomce in vsak las na njem.

Pero Buck sólo gruñó y se quedó fuera de su alcance.

Toda Buck je le zarenčal nazaj in se ostal tik izven njihovega dosega.

Nunca intentó huir, sino que rodeó el campamento deliberadamente.

Nikoli ni poskušal pobegniti, ampak je namerno krožil okoli tabora.

Dejó claro que obedecería una vez que le dieran lo que
quería.
Jasno je dal vedeti, da bo ubogal, ko mu bodo dali, kar hoče.
François finalmente se sentó y se rascó la cabeza con
frustración.
François se je končno usedel in se od frustracije popraskal po
glavi.
Perrault miró su reloj, maldijo y murmuró algo sobre el
tiempo perdido.
Perrault je pogledal na uro, preklinjal in mrmral o izgubljenem
času.
Ya había pasado una hora cuando debían estar en el sendero.
Ura je že minila, ko bi morali biti na poti.
François se encogió de hombros tímidamente y miró al
mensajero, quien suspiró derrotado.
François je sramežljivo skomignil z rameni proti kurirju, ki je
poraženo zavzdihnil.
Entonces François se acercó a Solleks y llamó a Buck una vez
más.
Nato je François stopil do Solleksa in še enkrat poklical Bucka.
Buck se rió como se ríe un perro, pero mantuvo una distancia
cautelosa.
Buck se je smejal kot pes, a je držal previdno razdaljo.
François le quitó el arnés a Solleks y lo devolvió a su lugar.
François je Solleksu snel oprsnico in ga vrnil na njegovo
mesto.
El equipo de trineo estaba completamente arneses y solo
había un lugar libre.
Sankaška vprega je stala popolnoma izprežena, le eno mesto je
bilo prazno.
La posición de liderazgo quedó vacía, claramente destinada
solo para Buck.
Vodilni položaj je ostal prazen, očitno namenjen samo Bucku.
François volvió a llamar, y nuevamente Buck rió y se
mantuvo firme.
François je spet poklical in Buck se je spet zasmejal in vztrajal
pri svojem.

—Tira el garrote —ordenó Perrault sin dudarlo.
»Vrzi palico,« je brez oklevanja ukazal Perrault.
François obedeció y Buck inmediatamente trotó hacia adelante orgulloso.
François je ubogal in Buck je takoj ponosno stekel naprej.
Se rió triunfante y asumió la posición de líder.
Zmagoslavno se je zasmejal in stopil na vodilni položaj.
François aseguró sus correajes y el trineo se soltó.
François je zavaroval svoje sledi in sani so se odtrgale.
Ambos hombres corrieron al lado del equipo mientras corrían hacia el sendero del río.
Oba moška sta tekla skupaj, ko je ekipa dirjala po rečni poti.
François tenía en alta estima a los "dos demonios" de Buck.
François je imel Buckova »dve hudiči« zelo dobro mnenje.
Pero pronto se dio cuenta de que en realidad había subestimado al perro.
a kmalu je spoznal, da je psa pravzaprav podcenil.
Buck asumió rápidamente el liderazgo y trabajó con excelencia.
Buck je hitro prevzel vodstvo in se odlično odrezal.
En juicio, pensamiento rápido y acción veloz, Buck superó a Spitz.
V presoji, hitrem razmišljanju in hitrem delovanju je Buck prekosil Spitza.
François nunca había visto un perro igual al que Buck mostraba ahora.
François še nikoli ni videl psa, ki bi bil enak temu, kar je Buck zdaj razkazoval.
Pero Buck realmente sobresalía en imponer el orden e imponer respeto.
Toda Buck je resnično blestel v uveljavljanju reda in vzbujanju spoštovanja.
Dave y Solleks aceptaron el cambio sin preocupación ni protesta.
Dave in Solleks sta spremembo sprejela brez skrbi ali protesta.
Se concentraron únicamente en el trabajo y en tirar con fuerza de las riendas.

Osredotočili so se le na delo in močno vlečenje vajeti.
A ellos les importaba poco quién iba delante, siempre y cuando el trineo siguiera moviéndose.
Ni jih bilo mar, kdo vodi, dokler so se sani premikale.
Billee, la alegre, podría haber liderado todo lo que a ellos les importaba.
Billee, tista vesela, bi lahko vodila, če bi jim bilo mar.
Lo que les importaba era la paz y el orden en las filas.
Pomembna jim je bila mir in red v vrstah.

El resto del equipo se había vuelto rebelde durante la decadencia de Spitz.
Preostali del ekipe je med Spitzovim upadanjem postal neubogljiv.
Se sorprendieron cuando Buck inmediatamente los puso en orden.
Bili so šokirani, ko jih je Buck takoj spravil v red.
Pike siempre había sido perezoso y arrastraba los pies detrás de Buck.
Pike je bil vedno len in se je vlekel za Buckom.
Pero ahora el nuevo liderazgo lo ha disciplinado severamente.
A zdaj ga je novo vodstvo ostro discipliniralo.
Y rápidamente aprendió a aportar su granito de arena en el equipo.
In hitro se je naučil prevzeti svojo vlogo v ekipi.
Al final del día, Pike trabajó más duro que nunca.
Do konca dneva je Pike delal bolj kot kdaj koli prej.
Esa noche en el campamento, Joe, el perro amargado, finalmente fue sometido.
Tisto noč v taboru je bil Joe, kisli pes, končno ukročen.
Spitz no logró disciplinarlo, pero Buck no falló.
Spitz ga ni uspel disciplinirati, Buck pa ni odpovedal.
Utilizando su mayor peso, Buck superó a Joe en segundos.
Buck je s svojo večjo težo v nekaj sekundah premagal Joeja.
Mordió y golpeó a Joe hasta que gimió y dejó de resistirse.

Grizel in pretepal je Joeja, dokler ni zastokal in se nehal upirati.

Todo el equipo mejoró a partir de ese momento.

Celotna ekipa se je od tistega trenutka naprej izboljšala.

Los perros recuperaron su antigua unidad y disciplina.

Psi so si povrnili staro enotnost in disciplino.

En Rink Rapids, se unieron dos nuevos huskies nativos, Teek y Koona.

V Rink Rapidsu sta se pridružila dva nova avtohtona haskija, Teek in Koona.

El rápido entrenamiento que Buck les dio sorprendió incluso a François.

Buckova hitra dresura je osupnila celo Françoisa.

"¡Nunca hubo un perro como ese Buck!" gritó con asombro.

„Nikoli ni bilo takega psa kot je ta Buck!" je zavpil od začudenja.

¡No, jamás! ¡Vale mil dólares, por Dios!

"Ne, nikoli! Vreden je tisoč dolarjev, bogve!"

—¿Eh? ¿Qué dices, Perrault? —preguntó con orgullo.

„Kaj? Kaj praviš, Perrault?" je vprašal s ponosom.

Perrault asintió en señal de acuerdo y revisó sus notas.

Perrault je prikimal v znak strinjanja in preveril svoje zapiske.

Ya vamos por delante del cronograma y ganamos más cada día.

Že prehitevamo urnik in vsak dan pridobivamo več.

El sendero estaba duro y liso, sin nieve fresca.

Pot je bila utrjena in gladka, brez svežega snega.

El frío era constante, rondando los cincuenta grados bajo cero durante todo el tiempo.

Mraz je bil vztrajen, ves čas se je gibal okoli petdeset stopinj pod ničlo.

Los hombres cabalgaban y corrían por turnos para entrar en calor y ganar tiempo.

Moški so jahali in tekli izmenično, da bi se ogreli in imeli čas.

Los perros corrían rápido, con pocas paradas y siempre avanzando.

Psi so tekli hitro z le nekaj postanki in vedno naprej.

El río Thirty Mile estaba casi congelado y era fácil cruzarlo.
Reka Trideset milj je bila večinoma zamrznjena in jo je bilo enostavno prečkati.

Salieron en un día lo que habían tardado diez días en llegar.
Odšli so v enem dnevu, kar je trajalo deset dni, da so prišli.

Hicieron una carrera de sesenta millas desde el lago Le Barge hasta White Horse.
Pretekla sta šestdeset milj od jezera Le Barge do Belega konja.

A través de los lagos Marsh, Tagish y Bennett se movieron increíblemente rápido.
Čez jezera Marsh, Tagish in Bennett so se premikali neverjetno hitro.

El hombre corriendo remolcado detrás del trineo por una cuerda.
Tekalec je vlekel sani na vrvi.

En la última noche de la segunda semana llegaron a su destino.
Zadnjo noč drugega tedna so prispeli na cilj.

Habían llegado juntos a la cima del Paso Blanco.
Skupaj sta dosegla vrh Belega prelaza.

Descendieron al nivel del mar con las luces de Skaguay debajo de ellos.
Spustili so se na morsko gladino, pod njimi pa so bile luči Skaguaya.

Había sido una carrera que estableció un récord a través de kilómetros de desierto frío.
Bil je rekorden tek čez kilometre mrzle divjine.

Durante catorce días seguidos, recorrieron un promedio de cuarenta millas.
Štirinajst dni zapored so v povprečju prevozili dobrih štirideset milj.

En Skaguay, Perrault y François transportaban mercancías por la ciudad.
V Skaguayu sta Perrault in François prevažala tovor skozi mesto.

Fueron aplaudidos y la multitud admirada les ofreció muchas bebidas.

Občudujoča množica jih je pozdravljala in jim ponujala veliko pijače.

Los cazadores de perros y los trabajadores se reunieron alrededor del famoso equipo de perros.

Lovci na pse in delavci so se zbrali okoli slavne pasje vprege.

Luego, los forajidos del oeste llegaron a la ciudad y sufrieron una derrota violenta.

Nato so v mesto prišli zahodni izobčenci in doživeli nasilni poraz.

La gente pronto se olvidó del equipo y se centró en un nuevo drama.

Ljudje so kmalu pozabili na ekipo in se osredotočili na novo dramo.

Luego vinieron las nuevas órdenes que cambiaron todo de golpe.

Nato so prišli novi ukazi, ki so vse naenkrat spremenili.

François llamó a Buck y lo abrazó con orgullo entre lágrimas.

François je poklical Bucka k sebi in ga s solzami v ponosu objel.

Ese momento fue la última vez que Buck volvió a ver a François.

Ta trenutek je bil zadnjič, ko je Buck spet videl Françoisa.

Como muchos hombres antes, tanto François como Perrault se habían ido.

Kot mnogi moški prej sta bila tudi François in Perrault odsotna.

Un mestizo escocés se hizo cargo de Buck y sus compañeros de equipo de perros de trineo.

Škotski mešanec je prevzel nadzor nad Buckom in njegovimi soigralci v ekipi za vlečne pse.

Con una docena de otros equipos de perros, regresaron por el sendero hasta Dawson.

Z ducatom drugih pasjih vpreg so se vrnili po poti v Dawson.

Ya no era una carrera rápida, solo un trabajo duro con una carga pesada cada día.

Ni bilo več hitrega teka – le težko delo s težkim bremenom vsak dan.

Éste era el tren correo que llevaba noticias a los buscadores de oro cerca del Polo.

To je bil poštni vlak, ki je prinašal novice lovcem na zlato blizu tečaja.

A Buck no le gustaba el trabajo, pero lo soportaba bien y se enorgullecía de su esfuerzo.

Bucku delo ni bilo všeč, a ga je dobro prenašal in bil ponosen na svoj trud.

Al igual que Dave y Solleks, Buck mostró devoción por cada tarea diaria.

Tako kot Dave in Solleks je tudi Buck pokazal predanost vsaki dnevni nalogi.

Se aseguró de que cada uno de sus compañeros hiciera su parte.

Poskrbel je, da bo vsak od njegovih soigralcev odgovarjal svojim potrebam.

La vida en el sendero se volvió aburrida, repetida con la precisión de una máquina.

Življenje na poti je postalo dolgočasno, ponavljalo se je z natančnostjo stroja.

Cada día parecía igual, una mañana se fundía con la siguiente.

Vsak dan je bil enak, eno jutro se je zlivalo z naslednjim.

A la misma hora, los cocineros se levantaron para hacer fogatas y preparar la comida.

Ob isti uri so kuharji vstali, da bi zakurili ogenj in pripravili hrano.

Después del desayuno, algunos abandonaron el campamento mientras otros enjaezaron los perros.

Po zajtrku so nekateri zapustili tabor, drugi pa so vpregli pse.

Se pusieron en marcha antes de que la tenue señal del amanecer tocara el cielo.

Na pot so se podali, še preden se je nebo dotaknilo medlo opozorilo na zori.

Por la noche se detenían para acampar, cada hombre con una tarea determinada.

Ponoči so se ustavili, da bi postavili tabor, vsak moški pa je imel določeno dolžnost.

Algunos montaron tiendas de campaña, otros cortaron leña y recogieron ramas de pino.

Nekateri so postavili šotore, drugi so sekali drva in nabirali borove veje.

Se llevaba agua o hielo a los cocineros para la cena.

Za večerjo so kuharjem prinesli vodo ali led.

Los perros fueron alimentados y esta fue la mejor parte del día para ellos.

Psi so bili nahranjeni in to je bil zanje najboljši del dneva.

Después de comer pescado, los perros se relajaron y descansaron cerca del fuego.

Potem ko so pojedli ribo, so se psi sprostili in poležavali ob ognju.

Había otros cien perros en el convoy con los que mezclarse.

V konvoju je bilo še sto drugih psov, s katerimi se je bilo mogoče družiti.

Muchos de esos perros eran feroces y rápidos para pelear sin previo aviso.

Mnogi od teh psov so bili divji in so se hitro borili brez opozorila.

Pero después de tres victorias, Buck dominó incluso a los luchadores más feroces.

Toda po treh zmagah je Buck obvladal celo najhujše borce.

Cuando Buck gruñó y mostró los dientes, se hicieron a un lado.

Ko je Buck zarenčal in pokazal zobe, so se umaknili.

Quizás lo mejor de todo es que a Buck le encantaba tumbarse cerca de la fogata parpadeante.

Morda je bilo najboljše od vsega to, da je Buck rad ležal ob utripajočem tabornem ognju.

Se agachó con las patas traseras dobladas y las patas delanteras estiradas hacia adelante.

Sklonil se je s pokrčenimi zadnjimi nogami in iztegnjenimi sprednjimi nogami naprej.

Levantó la cabeza mientras parpadeaba suavemente ante las llamas brillantes.

Dvignil je glavo in tiho pomežiknil proti žarečim plamenom.

A veces recordaba la gran casa del juez Miller en Santa Clara.

Včasih se je spominjal velike hiše sodnika Millerja v Santa Clari.

Pensó en la piscina de cemento, en Ysabel y en el pug llamado Toots.

Pomislil je na cementni bazen, na Ysabel in mopsa po imenu Toots.

Pero más a menudo recordaba el garrote del hombre del suéter rojo.

A pogosteje se je spominjal moškega z rdečim puloverjem.

Recordó la muerte de Curly y su feroz batalla con Spitz.

Spomnil se je Kodrastijeve smrti in njegovega hudega boja s Spitzom.

También recordó la buena comida que había comido o con la que aún soñaba.

Spomnil se je tudi dobre hrane, ki jo je jedel ali o kateri je še vedno sanjal.

Buck no sentía nostalgia: el cálido valle era distante e irreal.

Buck ni čutil domotožja – topla dolina je bila oddaljena in neresnična.

Los recuerdos de California ya no ejercían ninguna atracción sobre él.

Spomini na Kalifornijo ga niso več zares privlačili.

Más fuertes que la memoria eran los instintos profundos en su linaje.

Močnejši od spomina so bili nagoni, globoko zakoreninjeni v njegovi krvni liniji.

Los hábitos que una vez se habían perdido habían regresado, revividos por el camino y la naturaleza.

Navade, ki so jih nekoč izgubili, so se vrnile, oživljene s potjo in divjino.

Mientras Buck observaba la luz del fuego, a veces se convertía en otra cosa.

Ko je Buck opazoval svetlobo ognja, je ta včasih postala nekaj drugega.

Vio a la luz del fuego otro fuego, más antiguo y más profundo que el actual.

V soju ognja je zagledal drug ogenj, starejši in globlji od sedanjega.

Junto a ese otro fuego se agazapaba un hombre que no se parecía en nada al cocinero mestizo.

Ob tistem drugem ognju je čepel moški, ki ni bil podoben mešancu kuharju.

Esta figura tenía piernas cortas, brazos largos y músculos duros y anudados.

Ta figura je imela kratke noge, dolge roke in trde, vozlane mišice.

Su cabello era largo y enmarañado, y caía hacia atrás desde los ojos.

Njegovi lasje so bili dolgi in spleteni, padali so nazaj od oči.

Hizo ruidos extraños y miró con miedo hacia la oscuridad.

Spuščal je čudne zvoke in prestrašeno strmel v temo.

Sostenía agachado un garrote de piedra, firmemente agarrado con su mano larga y áspera.

Kamnito palico je držal nizko, močno stisnjeno v dolgi, hrapavi roki.

El hombre vestía poco: sólo una piel carbonizada que le colgaba por la espalda.

Moški je bil oblečen le v zoglenelo kožo, ki mu je visela po hrbtu.

Su cuerpo estaba cubierto de espeso vello en los brazos, el pecho y los muslos.

Njegovo telo je bilo prekrito z gostimi dlakami po rokah, prsih in stegnih.

Algunas partes del cabello estaban enredadas en parches de pelaje áspero.

Nekateri deli dlake so bili zapleteni v pramene grobe dlake.

No se mantenía erguido, sino inclinado hacia delante desde las caderas hasta las rodillas.

Ni stal vzravnano, ampak se je sklonil naprej od bokov do kolen.

Sus pasos eran elásticos y felinos, como si estuviera siempre dispuesto a saltar.

Njegovi koraki so bili prožni in mačji, kot da bi bil vedno pripravljen skočiti.

Había un estado de alerta agudo, como si viviera con miedo constante.

Bila je ostra budnost, kot da bi živel v nenehnem strahu.

Este hombre anciano parecía esperar el peligro, ya sea que lo viera o no.

Zdelo se je, da ta starodavni mož pričakuje nevarnost, ne glede na to, ali je bila nevarnost vidna ali ne.

A veces, el hombre peludo dormía junto al fuego, con la cabeza metida entre las piernas.

Včasih je kosmati mož spal ob ognju, z glavo stisnjeno med noge.

Sus codos descansaban sobre sus rodillas, sus manos entrelazadas sobre su cabeza.

Komolce je imel naslonjene na kolena, roke sklenjene nad glavo.

Como un perro, usó sus brazos peludos para protegerse de la lluvia que caía.

Kot pes je s svojimi dlakavimi rokami brisal padajoči dež.

Más allá de la luz del fuego, Buck vio dos brasas brillando en la oscuridad.

Onkraj ognja je Buck v temi zagledal dvojni žerjav.

Siempre de dos en dos, eran los ojos de las bestias rapaces al acecho.

Vedno dva krat dva, sta bila oči zalezovalnih zveri.

Escuchó cuerpos chocando contra la maleza y ruidos en la noche.

Slišal je trupla, ki so se tresla skozi grmovje, in zvoke, ki so se pojavljali v noči.

Acostado en la orilla del Yukón, parpadeando, Buck soñaba junto al fuego.

Buck je ležal na bregu Yukona in pomežiknil, sanjajoč ob ognju.

Las vistas y los sonidos de ese mundo salvaje le ponían los pelos de punta.

Ob prizorih in zvokih tega divjega sveta so mu lasje vstali.

El pelaje se le subió por la espalda, los hombros y el cuello.

Dlaka se mu je dvigala po hrbtu, ramenih in vratu.

Él gimió suavemente o emitió un gruñido bajo y profundo en su pecho.

Tiho je stokal ali pa globoko v prsih tiho zarjovel.

Entonces el cocinero mestizo gritó: "¡Oye, Buck, despierta!"

Tedaj je mešanec kuhar zavpil: "Hej, Buck, zbudi se!"

El mundo de los sueños desapareció y la vida real regresó a los ojos de Buck.

Sanjski svet je izginil in v Buckove oči se je vrnilo resnično življenje.

Iba a levantarse, estirarse y bostezar, como si acabara de despertar de una siesta.

Vstal bo, se pretegnil in zazehal, kot bi se prebudil iz dremeža.

El viaje fue duro, con el trineo del correo arrastrándose detrás de ellos.

Pot je bila težka, saj se je za njimi vlekla poštna sani.

Las cargas pesadas y el trabajo duro agotaban a los perros cada largo día.

Težka bremena in naporno delo so pse vsak dolg dan izčrpavali.

Llegaron a Dawson delgados, cansados y necesitando más de una semana de descanso.

V Dawson so prispeli shujšani, utrujeni in potrebovali so več kot teden dni počitka.

Pero sólo dos días después, emprendieron nuevamente el descenso por el Yukón.

Toda le dva dni kasneje so se spet odpravili po Yukonu.

Estaban cargados con más cartas destinadas al mundo exterior.

Naložena so bila s še več pismi, namenjenimi v zunanji svet.

Los perros estaban exhaustos y los hombres se quejaban constantemente.

Psi so bili izčrpani, moški pa so se nenehno pritoževali.

La nieve caía todos los días, suavizando el camino y ralentizando los trineos.

Sneg je padal vsak dan, mehčal pot in upočasnjeval sani.

Esto provocó que el tirón fuera más difícil y hubo más resistencia para los corredores.

To je povzročilo težje vlečenje in večji upor na tekačih.

A pesar de eso, los pilotos fueron justos y se preocuparon por sus equipos.

Kljub temu so bili vozniki pošteni in so skrbeli za svoje ekipe.

Cada noche, los perros eran alimentados antes de que los hombres pudieran comer.

Vsako noč so pse nahranili, preden so moški lahko jedli.

Ningún hombre duerme sin antes revisar las patas de su propio perro.

Nihče ni spal, preden ni preveril nog svojega psa.

Aún así, los perros se fueron debilitando a medida que los kilómetros iban desgastando sus cuerpos.

Kljub temu so psi postajali šibkejši, ko so kilometri nabirali njihova telesa.

Habían viajado mil ochocientas millas durante el invierno.

Čez zimo so prepotovali osemsto kilometrov.

Tiraron de trineos a lo largo de cada milla de esa brutal distancia.

Sani so vlekli čez vsako miljo te brutalne razdalje.

Incluso los perros de trineo más resistentes sienten tensión después de tantos kilómetros.

Tudi najtrši vlečni psi po toliko prevoženih kilometrih občutijo napor.

Buck aguantó, mantuvo a su equipo trabajando y mantuvo la disciplina.

Buck je vztrajal, ohranjal delovanje svoje ekipe in disciplino.

Pero Buck estaba cansado, al igual que los demás en el largo viaje.

Toda Buck je bil utrujen, tako kot drugi na dolgi poti.

Billee gemía y lloraba mientras dormía todas las noches sin falta.

Billee je vsako noč brez izjeme cvilil in jokal v spanju.

Joe se volvió aún más amargado y Solleks se mantuvo frío y distante.

Joe je postal še bolj zagrenjen, Solleks pa je ostal hladen in distanciran.

Pero fue Dave quien sufrió más de todo el equipo.

Ampak od celotne ekipe je bil Dave tisti, ki je najhuje trpel.

Algo había ido mal dentro de él, aunque nadie sabía qué.

Nekaj je šlo narobe v njem, čeprav nihče ni vedel, kaj.

Se volvió más malhumorado y les gritaba a los demás con creciente enojo.

Postajal je bolj muhast in se je z vse večjo jezo ostro spopadal z drugimi.

Cada noche iba directo a su nido, esperando ser alimentado.

Vsako noč je šel naravnost v svoje gnezdo in čakal, da ga nahranijo.

Una vez que cayó, Dave no se levantó hasta la mañana.

Ko je bil enkrat na tleh, se Dave ni zbudil do jutra.

En las riendas, tirones o arranques repentinos le hacían gritar de dolor.

Na vajetih so ga nenadni sunki ali trzanje spravili v krik od bolečine.

Su conductor buscó la causa, pero no encontró heridos.

Njegov voznik je iskal vzrok, vendar pri njem ni našel nobenih poškodb.

Todos los conductores comenzaron a observar a Dave y discutieron su caso.

Vsi vozniki so začeli opazovati Davea in razpravljati o njegovem primeru.

Hablaron durante las comidas y durante el último cigarrillo del día.

Pogovarjala sta se pri obrokih in med zadnjim kajenjem dneva.

Una noche tuvieron una reunión y llevaron a Dave al fuego.

Neke noči so imeli sestanek in Davea pripeljali k ognju.

Le apretaron y le palparon el cuerpo, y él gritaba a menudo.

Pritiskali in prebadali so njegovo telo, zato je pogosto kričal.

Estaba claro que algo iba mal, aunque no parecía haber ningún hueso roto.

Očitno je bilo nekaj narobe, čeprav se je zdelo, da ni zlomljenih nobenih kosti.

Cuando llegaron a Cassiar Bar, Dave se estaba cayendo.

Ko so prispeli do Cassiar Bara, je Dave že padal dol.

El mestizo escocés pidió un alto y eliminó a Dave del equipo.

Škotski mešanec je ustavil igro in Davea odstranil iz ekipe.

Sujetó a Solleks en el lugar de Dave, más cerca del frente del trineo.

Solleks je pritrdil na Daveovo mesto, najbližje sprednjemu delu sani.

Su intención era dejar que Dave descansara y corriera libremente detrás del trineo en movimiento.

Nameraval je pustiti Davea, da se spočije in prosto teče za premikajočimi se sanmi.

Pero incluso estando enfermo, Dave odiaba que lo sacaran del trabajo que había tenido.

A kljub bolezni je Dave sovražil, da so ga vzeli iz službe, ki jo je prej opravljal.

Gruñó y gimió cuando le quitaron las riendas del cuerpo.

Zarenčal je in stokal, ko so mu vajeti sneli z telesa.

Cuando vio a Solleks en su lugar, lloró con el corazón roto.

Ko je zagledal Solleksa na svojem mestu, je jokal od strte bolečine.

El orgullo por el trabajo en los senderos estaba profundamente arraigado en Dave, incluso cuando se acercaba la muerte.

Ponos na delo na poti je bil globoko v Daveu, tudi ko se je bližala smrt.

Mientras el trineo se movía, Dave se tambaleaba sobre la nieve blanda cerca del sendero.

Medtem ko so se sani premikale, se je Dave spotikal po mehkem snegu blizu poti.

Atacó a Solleks, mordiéndolo y empujándolo desde el costado del trineo.

Napadel je Solleksa, ga ugriznil in porinil s strani sani.

Dave intentó saltar al arnés y recuperar su lugar de trabajo.

Dave je poskušal skočiti v varnostni pas in si povrniti delovno mesto.

Gritó, se quejó y lloró, dividido entre el dolor y el orgullo por el trabajo.

Cvilil je, stokal in jokal, razpet med bolečino in ponosom pri delu.

El mestizo usó su látigo para intentar alejar a Dave del equipo.

Mešanec je s svojim bičem poskušal Davea odgnati od ekipe.

Pero Dave ignoró el látigo y el hombre no pudo golpearlo más fuerte.

Toda Dave je ignoriral udarec z bičem in moški ga ni mogel udariti močneje.

Dave rechazó el camino más fácil detrás del trineo, donde la nieve estaba acumulada.

Dave je zavrnil lažjo pot za sanmi, kjer je bil sneg zbit.

En cambio, luchaba en la nieve profunda junto al sendero, en la miseria.

Namesto tega se je mučil v globokem snegu ob poti, v bedi.

Finalmente, Dave se desplomó, quedó tendido en la nieve y aullando de dolor.

Sčasoma se je Dave zgrudil, ležal v snegu in tulil od bolečin.

Gritó cuando el largo tren de trineos pasó a su lado uno por uno.

Zavpil je, ko ga je dolga kolona sani ena za drugo peljala mimo.

Aún con las fuerzas que le quedaban, se levantó y tropezó tras ellos.

Vseeno pa je s preostalimi močmi vstal in se opotekajoče odpravil za njimi.

Lo alcanzó cuando el tren se detuvo nuevamente y encontró su viejo trineo.

Ko se je vlak spet ustavil, ga je dohitel in našel svoje stare sani.

Pasó junto a los otros equipos y se quedó de nuevo al lado de Solleks.

Prebil se je mimo drugih ekip in spet stal poleg Solleksa.

Cuando el conductor se detuvo para encender su pipa, Dave aprovechó su última oportunidad.

Ko se je voznik ustavil, da bi prižgal pipo, je Dave izkoristil še zadnjo priložnost.

Cuando el conductor regresó y gritó, el equipo no avanzó.

Ko se je voznik vrnil in zakričal, se ekipa ni premaknila naprej.

Los perros habían girado la cabeza, confundidos por la parada repentina.

Psi so obrnili glave, zmedeni zaradi nenadne zaustavitve.

El conductor también estaba sorprendido: el trineo no se había movido ni un centímetro hacia adelante.

Tudi voznik je bil šokiran – sani se niso premaknile niti za centimeter naprej.

Llamó a los demás para que vinieran a ver qué había sucedido.

Poklical je ostale, naj pridejo pogledat, kaj se je zgodilo.

Dave había mordido las riendas de Solleks, rompiéndolas ambas.

Dave je pregrizel Solleksove vajeti in jih obe raztrgal.

Ahora estaba de pie frente al trineo, nuevamente en su posición correcta.

Zdaj je stal pred sanmi, spet na svojem pravem mestu.

Dave miró al conductor y le rogó en silencio que se mantuviera en el carril.

Dave je pogledal voznika in ga tiho prosil, naj ostane v zaostanku.

El conductor estaba desconcertado, sin saber qué hacer con el perro que luchaba.

Voznik je bil zmeden in ni vedel, kaj naj stori za psa, ki se je mučil.

Los otros hombres hablaron de perros que habían muerto al ser sacados a la calle.

Drugi moški so govorili o psih, ki so poginili, ker so jih odpeljali ven.

Contaron sobre perros viejos o heridos cuyo corazón se rompió al ser abandonados.

Pripovedovali so o starih ali poškodovanih psih, ki so jim srce strlo, ko so jih pustili same.

Estuvieron de acuerdo en que era una misericordia dejar que Dave muriera mientras aún estaba en su arnés.

Strinjali so se, da je usmiljenje pustiti Davea umreti, medtem ko je bil še v varnostnem pasu.

Lo volvieron a sujetar al trineo y Dave tiró con orgullo.

Privezali so ga nazaj na sani in Dave je ponosno vlekel.

Aunque a veces gritaba, trabajaba como si el dolor pudiera ignorarse.

Čeprav je včasih zavpil, je delal, kot da bi bolečino lahko prezrl.

Más de una vez se cayó y fue arrastrado antes de levantarse de nuevo.

Večkrat je padel in so ga vlekli, preden je spet vstal.

Un día, el trineo pasó por encima de él y desde ese momento empezó a cojear.

Enkrat so se sani prevrnile čez njega in od tistega trenutka naprej je šepal.

Aún así, trabajó hasta llegar al campamento y luego se acostó junto al fuego.

Vseeno je delal, dokler ni dosegel tabora, nato pa se je ulegel k ognju.

Por la mañana, Dave estaba demasiado débil para viajar o incluso mantenerse en pie.

Do jutra je bil Dave prešibak, da bi lahko potoval ali celo stal pokonci.

En el momento de preparar el arnés, intentó alcanzar a su conductor con un esfuerzo tembloroso.

Ko je bil čas za pripenjanje, je s tresočim naporom poskušal doseči svojega voznika.

Se obligó a levantarse, se tambaleó y se desplomó sobre el suelo nevado.

Prisilil se je vstati, se opotekel in se zgrudil na zasnežena tla.

Utilizando sus patas delanteras, arrastró su cuerpo hacia el área del arnés.

S sprednjimi nogami je vlekel svoje telo proti območju za vprego.

Avanzó poco a poco, centímetro a centímetro, hacia los perros de trabajo.

Korak za korakom se je prebijal naprej proti delovnim psom.

Sus fuerzas se acabaron, pero siguió avanzando en su último y desesperado esfuerzo.

Moči so ga popuščale, a je v svojem zadnjem obupanem sunku vztrajal.

Sus compañeros de equipo lo vieron jadeando en la nieve, todavía deseando unirse a ellos.

Soigralci so ga videli, kako je v snegu sopihal in si še vedno želel, da bi se jim pridružil.

Lo oyeron aullar de dolor mientras dejaban atrás el campamento.

Slišali so ga, kako je žalostno zavijal, ko so zapuščali tabor.

Cuando el equipo desapareció entre los árboles, el grito de Dave resonó detrás de ellos.

Ko je ekipa izginila med drevesi, se je za njimi razlegel Daveov krik.

El tren de trineos se detuvo brevemente después de cruzar un tramo de bosque junto al río.

Vprega se je na kratko ustavila po prečkanju odseka rečnega gozda.

El mestizo escocés caminó lentamente de regreso hacia el campamento que estaba detrás.

Škotski mešanec se je počasi vračal proti taboru za seboj.

Los hombres dejaron de hablar cuando lo vieron salir del tren de trineos.

Moški so nehali govoriti, ko so ga videli, da zapušča vlak sani.

Entonces un único disparo se oyó claro y nítido en el camino.

Nato je po poti jasno in ostro odjeknil en sam strel.

El hombre regresó rápidamente y ocupó su lugar sin decir palabra.

Moški se je hitro vrnil in brez besed zasedel svoje mesto.

Los látigos crujieron, las campanas tintinearon y los trineos rodaron por la nieve.

Biči so pokali, zvončki so zazveneli in sani so se kotalile naprej skozi sneg.

Pero Buck sabía lo que había sucedido... y todos los demás perros también.

Toda Buck je vedel, kaj se je zgodilo – in tako so vedeli tudi vsi drugi psi.

El trabajo de las riendas y el sendero
Trdo delo vajeti in poti

Treinta días después de salir de Dawson, el Salt Water Mail llegó a Skaguay.
Trideset dni po odhodu iz Dawsona je Salt Water Mail prispel v Skaguay.
Buck y sus compañeros tomaron la delantera, llegando en lamentables condiciones.
Buck in njegovi soigralci so prevzeli vodstvo, a so prispeli v obupnem stanju.
Buck había bajado de ciento cuarenta a ciento quince libras.
Buck je shujšal s sto štirideset na sto petnajst funtov.
Los otros perros, aunque más pequeños, habían perdido aún más peso corporal.
Drugi psi, čeprav manjši, so izgubili še več telesne teže.
Pike, que antes fingía cojear, ahora arrastraba tras él una pierna realmente herida.
Pike, nekoč lažni šepavec, je zdaj za seboj vlekel resnično poškodovano nogo.
Solleks cojeaba mucho y Dub tenía un omóplato torcido.
Solleks je močno šepal, Dub pa je imel izvinjeno lopatico.
Todos los perros del equipo tenían las patas doloridas por las semanas que pasaron en el sendero helado.
Vsak pes v ekipi je imel od tednov na zamrznjeni poti boleče noge.
Ya no tenían resorte en sus pasos, sólo un movimiento lento y arrastrado.
V njihovih korakih ni bilo več pomladi, le počasno, vlečno gibanje.
Sus pies golpeaban el sendero con fuerza y cada paso añadía más tensión a sus cuerpos.
Njihove noge so močno udarjale po poti, vsak korak pa je njihova telesa še bolj obremenjeval.
No estaban enfermos, sólo agotados más allá de toda recuperación natural.

Niso bili bolni, le izčrpani do te mere, da so si opomogli do naravnega stanja.

No era el cansancio de un día duro que se curaba con una noche de descanso.

To ni bila utrujenost po enem napornem dnevu, ki bi jo pozdravil nočni počitek.

Fue un agotamiento acumulado lentamente a lo largo de meses de esfuerzo agotador.

Bila je izčrpanost, ki se je počasi kopičila skozi mesece napornega truda.

No quedaban reservas de fuerza: habían agotado todas las que tenían.

Niso imeli nobene rezervne moči – porabili so že vse, kar so imeli.

Cada músculo, fibra y célula de sus cuerpos estaba gastado y desgastado.

Vsaka mišica, vlakno in celica v njihovih telesih je bila izčrpana in obrabljena.

Y había una razón: habían recorrido dos mil quinientas millas.

In za to je bil razlog – prevozili so dve tisoč petsto milj.

Habían descansado sólo cinco días durante las últimas mil ochocientas millas.

V zadnjih osemsto kilometrih so počivali le pet dni.

Cuando llegaron a Skaguay, parecían apenas capaces de mantenerse en pie.

Ko so prispeli v Skaguay, so bili videti komaj sposobni stati pokonci.

Se esforzaron por mantener las riendas tensas y permanecer delante del trineo.

Trudili so se, da bi trdno držali vajeti in ostali pred sanmi.

En las bajadas sólo lograron evitar ser atropellados.

Na pobočjih navzdol so se le uspeli izogniti temu, da bi jih povozili.

"Sigan adelante, pobres pies doloridos", dijo el conductor mientras cojeaban.

»Naprej, ubogi bolni nogi,« je rekel voznik, medtem ko sta
šepala naprej.

**"Este es el último tramo, luego todos tendremos un largo
descanso, seguro".**

"To je zadnji del, potem pa si bomo vsi zagotovo privoščili en
daljši počitek."

**"Un descanso verdaderamente largo", prometió mientras los
observaba tambalearse hacia adelante.**

»En resnično dolg počitek,« je obljubil, medtem ko jih je
opazoval, kako se opotekajo naprej.

**Los conductores esperaban que ahora tuvieran un descanso
largo y necesario.**

Vozniki so pričakovali, da bodo zdaj deležni dolgega in
potrebnega odmora.

**Habían recorrido mil doscientas millas con sólo dos días de
descanso.**

Prepotovali so tisoč dvesto milj z le dvema dnevoma počitka.

**Por justicia y razón, sintieron que se habían ganado tiempo
para relajarse.**

Po pravici in razumu so menili, da so si zaslužili čas za
sprostitev.

**Pero eran demasiados los que habían llegado al Klondike y
muy pocos los que se habían quedado en casa.**

Toda preveč jih je prišlo na Klondike in premalo jih je ostalo
doma.

**Las cartas de las familias llegaron en masa, creando
montañas de correo retrasado.**

Pisma družin so se kopičila in ustvarjala kupe zamujene pošte.

**Llegaron órdenes oficiales: nuevos perros de la Bahía de
Hudson tomarían el control.**

Prispela so uradna navodila – novi psi iz Hudsonovega zaliva
bodo prevzeli oblast.

**Los perros exhaustos, ahora llamados inútiles, debían ser
eliminados.**

Izčrpane pse, ki so jih zdaj označili za ničvredne, je bilo treba
odstraniti.

Como el dinero importaba más que los perros, los iban a vender a bajo precio.

Ker je bil denar pomembnejši od psov, so jih nameravali prodati poceni.

Pasaron tres días más antes de que los perros sintieran lo débiles que estaban.

Minili so še trije dnevi, preden so psi začutili, kako šibki so.

En la cuarta mañana, dos hombres de Estados Unidos compraron todo el equipo.

Četrto jutro sta dva moška iz ZDA kupila celotno ekipo.

La venta incluía todos los perros, además de sus arneses usados.

Prodaja je vključevala vse pse in njihovo obrabljeno oprsnico.

Los hombres se llamaban entre sí "Hal" y "Charles" mientras completaban el trato.

Moška sta se med sklepanjem posla klicala »Hal« in »Charles«.

Charles era un hombre de mediana edad, pálido, con labios flácidos y puntas de bigote feroces.

Charles je bil srednjih let, bled, z mlahavimi ustnicami in ostrimi konicami brk.

Hal era un hombre joven, de unos diecinueve años, que llevaba un cinturón lleno de cartuchos.

Hal je bil mladenič, star morda devetnajst let, s pasom, polnim nabojev.

El cinturón contenía un gran revólver y un cuchillo de caza, ambos sin usar.

Na pasu sta bila velik revolver in lovski nož, oba neuporabljena.

Esto demostró lo inexperto e inadecuado que era para la vida en el norte.

To je pokazalo, kako neizkušen in neprimeren je bil za severno življenje.

Ninguno de los dos pertenecía a la naturaleza; su presencia desafiaba toda razón.

Nobeden od moških ni spadal v divjino; njuna prisotnost je kljubovala vsakemu razumu.

Buck observó cómo el dinero intercambiaba manos entre el comprador y el agente.

Buck je opazoval, kako si je kupec in agent izmenjevala denar.

Sabía que los conductores de trenes correos abandonaban su vida como el resto.

Vedel je, da vozniki poštnih vlakov zapuščajo tudi njegovo življenje tako kot vsi ostali.

Siguieron a Perrault y a François, ahora desaparecidos sin posibilidad de recuperación.

Sledila sta Perraultu in Françoisu, ki ju je zdaj več ni bilo več.

Buck y el equipo fueron conducidos al descuidado campamento de sus nuevos dueños.

Bucka in ekipo so odpeljali v površno taborišče njihovih novih lastnikov.

La tienda se hundía, los platos estaban sucios y todo estaba desordenado.

Šotor se je upogibal, posoda je bila umazana in vse je ležalo v neredu.

Buck también notó que había una mujer allí: Mercedes, la esposa de Charles y hermana de Hal.

Buck je tam opazil tudi žensko – Mercedes, Charlesovo ženo in Halovo sestro.

Formaban una familia completa, aunque no eran aptos para el recorrido.

Bila sta popolna družina, čeprav še zdaleč ni bila primerna za pot.

Buck observó nervioso cómo el trío comenzó a empacar los suministros.

Buck je živčno opazoval, kako je trojica začela pakirati zaloge.

Trabajaron duro, pero sin orden: sólo alboroto y esfuerzos desperdiciados.

Trdo so delali, a brez reda – le hrup in zaman trud.

La tienda estaba enrollada hasta formar un volumen demasiado grande para el trineo.

Šotor je bil zvit v zajetno obliko, prevelik za sani.

Los platos sucios se empaquetaron sin limpiarlos ni secarlos.

Umazana posoda je bila zapakirana, ne da bi bila sploh oprana ali posušena.

Mercedes revoloteaba por todos lados, hablando, corrigiendo y entrometiéndose constantemente.

Mercedes je frfotala naokoli, nenehno govorila, popravljala in se vmešavala.

Cuando le ponían un saco en el frente, ella insistía en que lo pusieran en la parte de atrás.

Ko so spredaj položili vrečo, je vztrajala, da jo položijo tudi zadaj.

Metió la bolsa en el fondo y al siguiente momento la necesitó.

Vrečo je pospravila na dno in že naslednji trenutek jo je potrebovala.

De esta manera, el trineo fue desempaquetado nuevamente para alcanzar la bolsa específica.

Torej so sani spet razpakirali, da bi dosegli tisto določeno vrečo.

Cerca de allí, tres hombres estaban parados afuera de una tienda de campaña, observando cómo se desarrollaba la escena.

V bližini so pred šotorom stali trije moški in opazovali prizor.

Sonrieron, guiñaron el ojo y sonrieron ante la evidente confusión de los recién llegados.

Nasmehnili so se, pomežiknili in se zarežali ob očitni zmedenosti prišlekov.

"Ya tienes una carga bastante pesada", dijo uno de los hombres.

„Že tako imaš kar precejšen tovor," je rekel eden od moških.

"No creo que debas llevar esa tienda de campaña, pero es tu elección".

"Mislim, da tega šotora ne bi smel nositi, ampak to je tvoja odločitev."

"¡Inimaginable!", exclamó Mercedes levantando las manos con desesperación.

„Nesanjano!" je vzkliknila Mercedes in v obupu dvignila roke.

"¿Cómo podría viajar sin una tienda de campaña donde refugiarme?"

"Kako bi sploh lahko potoval brez šotora, pod katerim bi lahko bival?"

"Es primavera, ya no volverás a ver el frío", respondió el hombre.

„Pomlad je – mrzlega vremena ne boste več videli,“ je odgovoril moški.

Pero ella meneó la cabeza y ellos siguieron apilando objetos en el trineo.

Ampak je zmajala z glavo, oni pa so še naprej nalagali predmete na sani.

La carga se elevó peligrosamente a medida que añadían los últimos elementos.

Tovor se je nevarno dvigal, ko so dodajali zadnje stvari.

"¿Crees que el trineo se deslizará?" preguntó uno de los hombres con mirada escéptica.

„Misliš, da se bodo sani peljale?“ je skeptično vprašal eden od moških.

"¿Por qué no debería?", replicó Charles con gran fastidio.

„Zakaj pa ne bi?“ je Charles z ostro jezo odvrnil.

—Está bien —dijo rápidamente el hombre, alejándose un poco de la ofensa.

„Oh, saj je vse v redu,“ je moški hitro rekel in se umaknil, da bi se užalil.

"Solo me preguntaba, me pareció que tenía la parte superior demasiado pesada".

„Samo spraševal sem se – meni se je zdelo, da je malo preveč težek.“

Charles se dio la vuelta y ató la carga lo mejor que pudo.

Karel se je obrnil stran in privezal tovor, kolikor je le mogel.

Pero las ataduras estaban sueltas y el embalaje en general estaba mal hecho.

Ampak pritrdilne vrvi so bile ohlapne in pakiranje na splošno slabo opravljeno.

"Claro, los perros tirarán de eso todo el día", dijo otro hombre con sarcasmo.

»Seveda, psi bodo to vlekli ves dan,« je sarkastično rekel drug moški.

—Por supuesto —respondió Hal con frialdad, agarrando el largo palo del trineo.

„Seveda,“ je hladno odgovoril Hal in zgrabil dolgo palico za vprego sani.

Con una mano en el poste, blandía el látigo con la otra.

Z eno roko na drogu je v drugi zamahnil z bičem.

"¡Vamos!", gritó. "¡Muévanse!", instando a los perros a empezar.

„Gremo!“ je zavpil. „Premaknite se!“ je spodbudil pse, naj začnejo.

Los perros se inclinaron hacia el arnés y se tensaron durante unos instantes.

Psi so se nagnili v oprsnico in se nekaj trenutkov napenjali.

Entonces se detuvieron, incapaces de mover ni un centímetro el trineo sobrecargado.

Nato so se ustavili, saj preobremenjenih sani niso mogli premakniti niti za centimeter.

—¡Esos brutos perezosos! —gritó Hal, levantando el látigo para golpearlos.

„Lene zveri!“ je zavpil Hal in dvignil bič, da bi jih udaril.

Pero Mercedes entró corriendo y le arrebató el látigo de las manos a Hal.

Toda Mercedes je prihitela in Halu iztrgala bič iz rok.

—Oh, Hal, no te atrevas a hacerles daño —gritó alarmada.

„Oh, Hal, ne drzni si jih poškodovati,“ je prestrašeno zavpila.

"Prométeme que serás amable con ellos o no daré un paso más".

"Obljubi mi, da boš prijazen do njih, sicer ne bom naredil niti koraka več."

—No sabes nada de perros —le espetó Hal a su hermana.

„Nič ne veš o psih,“ je Hal zarezal v sestro.

"Son perezosos y la única forma de moverlos es azotándolos".

"Leni so in edini način, da jih premakneš, je, da jih pretepeš."

"Pregúntale a cualquiera, pregúntale a uno de esos hombres de allí si dudas de mí".

„Vprašaj kogarkoli – vprašaj enega od tistih mož tam, če dvomiš vame."

Mercedes miró a los espectadores con ojos suplicantes y llorosos.

Mercedes je s prošnjo, solznimi očmi pogledala opazovalce.

Su rostro mostraba lo profundamente que odiaba ver cualquier dolor.

Na njenem obrazu je bilo razvidno, kako globoko je sovražila vsakršno bolečino.

"Están débiles, eso es todo", dijo un hombre. "Están agotados".

»Šibki so, to je vse,« je rekel en moški. »Izčrpani so.«

"Necesitan descansar, han trabajado demasiado tiempo sin descansar".

"Potrebujejo počitek – predolgo so delali brez odmora."

—Maldito sea el resto —murmuró Hal con el labio curvado.

„Prekleto bodi ostalo," je zamrmral Hal s stisnjeno ustnico.

Mercedes jadeó, visiblemente dolida por la grosera palabra que pronunció.

Mercedes je zavzdihnila, očitno jo je prizadela njegova groba beseda.

Aún así, ella se mantuvo leal y defendió instantáneamente a su hermano.

Kljub temu je ostala zvesta in takoj stopila v obrambo svojega brata.

—No le hagas caso a ese hombre —le dijo a Hal—. Son nuestros perros.

„Ne zmeni se za tega človeka," je rekla Halu. „To so naši psi."

"Los conduces como mejor te parezca, haz lo que creas correcto".

"Voziš jih, kot se ti zdi primerno – delaš, kar se ti zdi prav."

Hal levantó el látigo y volvió a golpear a los perros sin piedad.

Hal je dvignil bič in znova brez milosti udaril pse.

Se lanzaron hacia adelante, con el cuerpo agachado y los pies hundidos en la nieve.

Planili so naprej, s telesi nizko, z nogami, odrinjenimi od snega.

Ponían toda su fuerza en tirar, pero el trineo no se movía.

Vso svojo moč so vložili v vleko, a sani se niso premaknile.

El trineo quedó atascado, como un ancla congelada en la nieve compacta.

Sani so ostale zataknjene, kot sidro, zamrznjeno v zbitem snegu.

Tras un segundo esfuerzo, los perros se detuvieron de nuevo, jadeando con fuerza.

Po drugem poskusu so se psi spet ustavili, močno sopihajoč.

Hal levantó el látigo una vez más, justo cuando Mercedes interfirió nuevamente.

Hal je še enkrat dvignil bič, ravno ko se je Mercedes spet vmešala.

Ella cayó de rodillas frente a Buck y abrazó su cuello.

Padla je na kolena pred Bucka in ga objela za vrat.

Las lágrimas llenaron sus ojos mientras le suplicaba al perro exhausto.

Solze so ji napolnile oči, ko je prosila izčrpanega psa.

"Pobres queridos", dijo, "¿por qué no tiran más fuerte?"

„Ubogi dragi moji," je rekla, „zakaj preprosto ne potegnete močneje?"

"Si tiras, no te azotarán así".

"Če boš vlekel, te ne bodo tako bičali."

A Buck no le gustaba Mercedes, pero estaba demasiado cansado para resistirse a ella ahora.

Buck ni maral Mercedes, a je bil preveč utrujen, da bi se ji zdaj upiral.

Él aceptó sus lágrimas como una parte más de ese día miserable.

Njene solze je sprejel le kot še en del bednega dne.

Uno de los hombres que observaban finalmente habló después de contener su ira.

Eden od opazovalcev je končno spregovoril, potem ko je zadržal jezo.

"No me importa lo que les pase a ustedes, pero esos perros importan".

"Ne zanima me, kaj se bo zgodilo z vami, ampak ti psi so pomembni."

"Si quieres ayudar, suelta ese trineo: está congelado hasta la nieve".

"Če hočeš pomagati, odtrgaj tiste sani – zmrznile so do snega."

"Presiona con fuerza el polo G, derecha e izquierda, y rompe el sello de hielo".

"Močno potisnite na drog, desno in levo, in prebijte ledeni pečat."

Se hizo un tercer intento, esta vez siguiendo la sugerencia del hombre.

Opravljen je bil tretji poskus, tokrat po moškem predlogu.

Hal balanceó el trineo de un lado a otro, soltando los patines.

Hal je zibal sani z ene strani na drugo in s tem sprostil drsnike.

El trineo, aunque sobrecargado y torpe, finalmente avanzó con dificultad.

Sani, čeprav preobremenjene in nerodne, so se končno sunkovito premaknile naprej.

Buck y los demás tiraron salvajemente, impulsados por una tormenta de latigazos.

Buck in ostali so divje vlekli, gnani z nevihto bičnih udarcev.

Cien metros más adelante, el sendero se curvaba y descendía hacia la calle.

Sto metrov naprej se je pot zavila in strmo spuščala na ulico.

Se hubiera necesitado un conductor habilidoso para mantener el trineo en posición vertical.

Za vzdrževanje pokonci bi moral biti potreben spreten voznik.

Hal no era hábil y el trineo se volcó al girar en la curva.

Hal ni bil spreten in sani so se prevrnile, ko so se zavile okoli ovinka.

Las ataduras sueltas cedieron y la mitad de la carga se derramó sobre la nieve.

Ohlapne privezovalne vrvi so popustile in polovica tovora se je razsula na sneg.

Los perros no se detuvieron; el trineo, más ligero, siguió volando de lado.

Psi se niso ustavili; lažje sani so letele naprej na boku.

Enojados por el abuso y la pesada carga, los perros corrieron más rápido.

Jezni zaradi zlorabe in težkega bremena so psi tekli hitreje.

Buck, furioso, echó a correr, con el equipo siguiéndolo detrás.

Buck se je v besu pognal v tek, ekipa pa mu je sledila.

Hal gritó "¡Guau! ¡Guau!", pero el equipo no le hizo caso.

Hal je zavpil »Vau! Vau!«, vendar se ekipa ni zmenila zanj.

Tropezó, cayó y fue arrastrado por el suelo por el arnés.

Spotaknil se je, padel in ga je pas vlekel po tleh.

El trineo volcado saltó sobre él mientras los perros corrían delante.

Prevrnjene sani so ga prevrnile, medtem ko so psi dirjali naprej.

El resto de los suministros se dispersaron por la concurrida calle de Skaguay.

Preostale zaloge so se raztresle po prometni ulici v Skaguayu.

La gente bondadosa se apresuró a detener a los perros y recoger el equipo.

Dobrosrčni ljudje so hiteli ustavljat pse in pobirati opremo.

También dieron consejos, contundentes y prácticos, a los nuevos viajeros.

Novim popotnikom so dajali tudi nasvete, neposredne in praktične.

"Si quieres llegar a Dawson, lleva la mitad de la carga y el doble de perros".

"Če želiš priti do Dawsona, vzemi polovico tovora in podvoji število psov."

Hal, Charles y Mercedes escucharon, aunque no con entusiasmo.

Hal, Charles in Mercedes so poslušali, čeprav ne z navdušenjem.

Instalaron su tienda de campaña y comenzaron a clasificar sus suministros.

Postavili so šotor in začeli prebirati svoje zaloge.

Salieron alimentos enlatados, lo que hizo reír a carcajadas a los espectadores.

Prišle so konzervirane jedi, kar je prisotne nasmejalo.

"¿Enlatado en el camino? Te morirás de hambre antes de que se derrita", dijo uno.

»Konzervirane stvari na poti? Umrl boš od lakote, preden se stopijo,« je rekel eden.

¿Mantas de hotel? Mejor tíralas todas.

"Hotelske odeje? Bolje je, da jih vse vržeš ven."

"Si también deshazte de la tienda de campaña, aquí nadie lava los platos".

"Če zapustiš tudi šotor, tukaj nihče ne pomiva posode."

¿Crees que estás viajando en un tren Pullman con sirvientes a bordo?

„Misliš, da se voziš s Pullmanovim vlakom s služabniki na krovu?"

El proceso comenzó: todos los objetos inútiles fueron arrojados a un lado.

Postopek se je začel – vsak neuporaben predmet je bil odvržen na stran.

Mercedes lloró cuando sus maletas fueron vaciadas en el suelo nevado.

Mercedes je jokala, ko so njene torbe izpraznili na zasnežena tla.

Ella sollozaba por cada objeto que tiraba, uno por uno, sin pausa.

Jokala je nad vsakim predmetom, ki ga je vrgla ven, enega za drugim brez premora.

Ella juró no dar un paso más, ni siquiera por diez Charleses.

Prisegla je, da ne bo naredila niti koraka več – niti za deset Charlesov.

Ella le rogó a cada persona cercana que le permitiera conservar sus cosas preciosas.

Vsakogar v bližini je prosila, naj ji dovoli obdržati njene dragocene stvari.

Por último, se secó los ojos y comenzó a arrojar incluso la ropa más importante.

Končno si je obrisala oči in začela metati celo najpomembnejša oblačila.

Cuando terminó con los suyos, comenzó a vaciar los suministros de los hombres.

Ko je končala s svojimi, je začela prazniti moške zaloge.

Como un torbellino, destrozó las pertenencias de Charles y Hal.

Kot vihar je razdejala Charlesove in Halove stvari.

Aunque la carga se redujo a la mitad, todavía era mucho más pesada de lo necesario.

Čeprav se je tovor prepolovil, je bil še vedno veliko težji, kot je bilo potrebno.

Esa noche, Charles y Hal salieron y compraron seis perros nuevos.

Tisto noč sta Charles in Hal šla ven in kupila šest novih psov.

Estos nuevos perros se unieron a los seis originales, además de Teek y Koona.

Ti novi psi so se pridružili prvotnim šestim, poleg Teeka in Koone.

Juntos formaron un equipo de catorce perros enganchados al trineo.

Skupaj so tvorili vprego štirinajstih psov, vpreženih v sani.

Pero los nuevos perros no eran aptos y estaban mal entrenados para el trabajo con trineos.

Toda novi psi so bili neprimerni in slabo izurjeni za delo s sanmi.

Tres de los perros eran pointers de pelo corto y uno era un Terranova.

Trije psi so bili kratkodlaki ptičarji, eden pa je bil novofundlandec.

Los dos últimos perros eran mestizos, sin ninguna raza ni propósito claros.

Zadnja dva psa sta bila mešanca brez jasne pasme ali namena.

No entendieron el camino y no lo aprendieron rápidamente.
Poti niso razumeli in se je niso hitro naučili.

Buck y sus compañeros los miraron con desprecio y profunda irritación.
Buck in njegovi tovariši so jih opazovali s prezirom in globoko razdraženostjo.

Aunque Buck les enseñó lo que no debían hacer, no podía enseñarles cuál era el deber.
Čeprav jih je Buck naučil, česa ne smejo početi, jih ni mogel naučiti dolžnosti.

No se adaptaron bien a la vida en senderos ni al tirón de las riendas y los trineos.
Niso se dobro prenašali vlečenja ali vleke vajeti in sani.

Sólo los mestizos intentaron adaptarse, e incluso a ellos les faltó espíritu de lucha.
Le mešanci so se poskušali prilagoditi, pa tudi njim je manjkalo borbenega duha.

Los demás perros estaban confundidos, debilitados y destrozados por su nueva vida.
Drugi psi so bili zaradi svojega novega življenja zmedeni, oslabljeni in zlomljeni.

Con los nuevos perros desorientados y los viejos exhaustos, la esperanza era escasa.
Ker so novi psi bili brez pojma, stari pa izčrpani, je bilo upanje majhno.

El equipo de Buck había recorrido dos mil quinientas millas de senderos difíciles.
Buckova ekipa je prevozila dve tisoč petsto milj zahtevne poti.

Aún así, los dos hombres estaban alegres y orgullosos de su gran equipo de perros.
Kljub temu sta bila moška vesela in ponosna na svojo veliko pasjo ekipo.

Creían que viajaban con estilo, con catorce perros enganchados.
Mislili so, da potujejo v stilu, s štirinajstimi poročenimi psi.

Habían visto trineos partir hacia Dawson y otros llegar desde allí.

Videli so sani, ki so odhajale proti Dawsonu, in druge, ki so prihajale od tam.

Pero nunca habían visto uno tirado por tantos catorce perros.

Nikoli pa niso videli, da bi ga vleklo kar štirinajst psov.

Había una razón por la que equipos como ese eran raros en el desierto del Ártico.

Obstajal je razlog, zakaj so bile takšne ekipe redke v arktični divjini.

Ningún trineo podría transportar suficiente comida para alimentar a catorce perros durante el viaje.

Nobene sani niso mogle prepeljati dovolj hrane, da bi nahranile štirinajst psov na poti.

Pero Charles y Hal no lo sabían: habían hecho los cálculos.

Ampak Charles in Hal tega nista vedela – izračunala sta že sama.

Planificaron la comida: tanta cantidad por perro, tantos días, y listo.

Narisali so hrano: toliko na psa, toliko dni, končano.

Mercedes miró sus figuras y asintió como si tuviera sentido.

Mercedes je pogledala njihove številke in prikimala, kot da bi bilo smiselno.

Todo le parecía muy sencillo, al menos en el papel.

Vse skupaj se ji je zdelo zelo preprosto, vsaj na papirju.

A la mañana siguiente, Buck guió al equipo lentamente por la calle nevada.

Naslednje jutro je Buck počasi vodil ekipo po zasneženi ulici.

No había energía ni espíritu en él ni en los perros detrás de él.

Niti v njem niti v psih za njim ni bilo ne energije ne duha.

Estaban muertos de cansancio desde el principio: no les quedaban reservas.

Že od samega začetka so bili smrtno utrujeni – niso imeli več nobene rezerve.

Buck ya había hecho cuatro viajes entre Salt Water y Dawson.

Buck je že opravil štiri vožnje med Salt Waterjem in Dawsonom.

Ahora, enfrentado nuevamente el mismo desafío, no sentía nada más que amargura.

Zdaj, ko se je spet soočil z isto potjo, ni čutil nič drugega kot grenkobo.

Su corazón no estaba en ello, ni tampoco el corazón de los otros perros.

Njegovo srce ni bilo pri tem, prav tako ne srca drugih psov.

Los nuevos perros eran tímidos y los huskies carecían de confianza.

Novi psi so bili plašni, haskiji pa so bili brez kakršnega koli zaupanja.

Buck sintió que no podía confiar en estos dos hombres ni en su hermana.

Buck je čutil, da se ne more zanesti ne na ta dva moška ne na njuno sestro.

No sabían nada y no mostraron señales de aprender en el camino.

Niso vedeli ničesar in na poti niso kazali nobenih znakov učenja.

Estaban desorganizados y carecían de cualquier sentido de disciplina.

Bili so neorganizirani in jim je manjkal vsakršen občutek za disciplino.

Les tomó media noche montar un campamento descuidado cada vez.

Vsakič so potrebovali pol noči, da so postavili površen tabor.

Y la mitad de la mañana siguiente la pasaron otra vez jugueteando con el trineo.

In polovico naslednjega dopoldneva so spet preživeli v igri s sanmi.

Al mediodía, a menudo se detenían simplemente para arreglar la carga desigual.

Do poldneva so se pogosto ustavili samo zato, da bi popravili neenakomerno obremenitev.

Algunos días, viajaron menos de diez millas en total.

Nekatere dni so prepotovali skupno manj kot deset milj.
Otros días ni siquiera conseguían salir del campamento.
Druge dni jim sploh ni uspelo zapustiti tabora.
Nunca llegaron a cubrir la distancia alimentaria planificada.
Nikoli se niso niti približali načrtovani razdalji za prevoz hrane.
Como era de esperar, muy rápidamente se quedaron sin comida para los perros.
Kot je bilo pričakovati, jim je hrane za pse zelo hitro zmanjkalo.
Empeoró las cosas sobrealimentándolos en los primeros días.
V zgodnjih dneh so stvari še poslabšali s prenajedanjem.
Esto acercaba la hambruna con cada ración descuidada.
To je z vsakim neprevidnim obrokom približevalo lakoto.
Los nuevos perros no habían aprendido a sobrevivir con muy poco.
Novi psi se niso naučili preživeti z zelo malo.
Comieron con hambre, con apetitos demasiado grandes para el camino.
Jedli so lačno, saj so imeli prevelik apetit za pot.
Al ver que los perros se debilitaban, Hal creyó que la comida no era suficiente.
Ko je videl, kako psi slabijo, je Hal verjel, da hrana ni dovolj.
Duplicó las raciones, empeorando aún más el error.
Podvojil je obroke, s čimer je napako še poslabšal.
Mercedes añadió más problemas con lágrimas y suaves súplicas.
Mercedes je težavo še poslabšala s solzami in tihim moledovanjem.
Cuando no pudo convencer a Hal, alimentó a los perros en secreto.
Ko Hala ni mogla prepričati, je pse na skrivaj nahranila.
Ella robó de los sacos de pescado y se lo dio a sus espaldas.
Ukradla je iz vreč z ribami in jim jih dala za njegovim hrbtom.
Pero lo que los perros realmente necesitaban no era más comida: era descanso.

Toda psi v resnici niso potrebovali več hrane – potrebovali so počitek.

Iban a poca velocidad, pero el pesado trineo aún seguía avanzando.

Počasi so se vozili, a težke sani so se še vedno vlekle.

Ese peso solo les quitaba las fuerzas que les quedaban cada día.

Že sama teža jim je vsak dan izčrpala preostalo moč.

Luego vino la etapa de desalimentación ya que los suministros escasearon.

Nato je prišla faza podhranjenosti, saj je zalog zmanjkalo.

Una mañana, Hal se dio cuenta de que la mitad de la comida para perros ya había desaparecido.

Hal je nekega jutra ugotovil, da je polovica pasje hrane že izginila.

Sólo habían recorrido una cuarta parte de la distancia total del recorrido.

Prepotovali so le četrtino celotne razdalje poti.

No se podía comprar más comida por ningún precio que se ofreciera.

Hrane ni bilo mogoče kupiti več, ne glede na ponujeno ceno.

Redujo las raciones de los perros por debajo de la ración diaria estándar.

Psom je zmanjšal porcije pod standardni dnevni obrok.

Al mismo tiempo, exigió viajes más largos para compensar las pérdidas.

Hkrati je zahteval daljša potovanja, da bi nadomestil izgubo.

Mercedes y Carlos apoyaron este plan, pero fracasaron en su ejecución.

Mercedes in Charles sta ta načrt podprla, vendar ju ni uspelo izvesti.

Su pesado trineo y su falta de habilidad hicieron que el avance fuera casi imposible.

Zaradi težkih sani in pomanjkanja spretnosti je bil napredek skoraj nemogoč.

Era fácil dar menos comida, pero imposible forzar más esfuerzo.

Lahko je bilo dati manj hrane, nemogoče pa je bilo prisiliti k večjemu trudu.

No podían salir temprano ni tampoco viajar horas extras.

Niso mogli začeti zgodaj, niti potovati dlje časa.

No sabían cómo trabajar con los perros, ni tampoco ellos mismos.

Niso znali delati s psi, pa tudi s seboj niso vedeli.

El primer perro que murió fue Dub, el desafortunado pero trabajador ladrón.

Prvi pes, ki je umrl, je bil Dub, nesrečni, a delav tat.

Aunque a menudo lo castigaban, Dub había hecho su parte sin quejarse.

Čeprav je bil Dub pogosto kaznovan, je brez pritožb opravljal svojo nalogo.

Su hombro lesionado empeoró sin cuidados ni necesidad de descanso.

Njegova poškodovana rama se je brez oskrbe ali potrebe po počitku poslabšala.

Finalmente, Hal usó el revólver para acabar con el sufrimiento de Dub.

Končno je Hal z revolverjem končal Dubovo trpljenje.

Un dicho común afirma que los perros normales mueren con raciones para perros esquimales.

Pogost pregovor pravi, da normalni psi umrejo na obrokih haskijev.

Los seis nuevos compañeros de Buck tenían sólo la mitad de la porción de comida del husky.

Buckovih šest novih spremljevalcev je imelo le polovico haskijevega deleža hrane.

Primero murió el Terranova y después los tres bracos de pelo corto.

Najprej je poginil novofundlandski pes, nato pa še trije kratkodlaki ptičarji.

Los dos mestizos resistieron más tiempo pero finalmente perecieron como el resto.

Dva mešanca sta vztrajala dlje, a sta na koncu poginila tako kot ostali.

Para entonces, todas las comodidades y la dulzura de Southland habían desaparecido.

Do takrat so bile vse ugodnosti in nežnost Južne dežele izginile.

Las tres personas habían perdido los últimos vestigios de su educación civilizada.

Trije ljudje so opustili zadnje sledi svoje civilizirane vzgoje.

Despojado de glamour y romance, el viaje al Ártico se volvió brutalmente real.

Brez glamurja in romantike je potovanje po Arktiki postalo brutalno resnično.

Era una realidad demasiado dura para su sentido de masculinidad y feminidad.

To je bila resničnost prekruta za njihov občutek moškosti in ženskosti.

Mercedes ya no lloraba por los perros, ahora lloraba sólo por ella misma.

Mercedes ni več jokala za pse, ampak je zdaj jokala samo še zase.

Pasó su tiempo llorando y peleando con Hal y Charles.

Svoj čas je preživljala v joku in prepirih s Halom in Charlesom.

Pelear era lo único que nunca estaban demasiado cansados para hacer.

Prepir je bila edina stvar, za katero se niso nikoli preveč naveličali.

Su irritabilidad surgió de la miseria, creció con ella y la superó.

Njihova razdražljivost je izvirala iz bede, z njo rasla in jo presegla.

La paciencia del camino, conocida por quienes trabajan y sufren con bondad, nunca llegó.

Potrpežljivost poti, znana tistim, ki se trudijo in trpijo prijazno, ni nikoli prišla.

Esa paciencia que conserva dulce la palabra a pesar del dolor les era desconocida.

Ta potrpežljivost, ki ohranja govor sladek kljub bolečini, jim je bila neznana.

No tenían ni un ápice de paciencia ni la fuerza que suponía sufrir con gracia.

Niso imeli niti kančka potrpežljivosti, nobene moči, ki bi jo črpali iz trpljenja z milostjo.

Estaban rígidos por el dolor: les dolían los músculos, los huesos y el corazón.

Bili so okoreli od bolečin – boleče so jih mišice, kosti in srce.

Por eso se volvieron afilados de lengua y rápidos para usar palabras ásperas.

Zaradi tega so postali ostri na jeziku in hitri v ostrih besedah.

Cada día comenzaba y terminaba con voces enojadas y amargas quejas.

Vsak dan se je začel in končal z jeznimi glasovi in grenkimi pritožbami.

Charles y Hal discutían cada vez que Mercedes les daba una oportunidad.

Charles in Hal sta se prepirala vsakič, ko jima je Mercedes dala priložnost.

Cada hombre creía que hacía más de lo que le correspondía en el trabajo.

Vsak moški je verjel, da je opravil več kot svoj delež dela.

Ninguno de los dos perdió la oportunidad de decirlo una y otra vez.

Niti eden niti drugi nista zamudila priložnosti, da bi to povedala, znova in znova.

A veces Mercedes se ponía del lado de Charles, a veces del lado de Hal.

Včasih je Mercedes stala na strani Charlesa, včasih na strani Hala.

Esto dio lugar a una gran e interminable disputa entre los tres.

To je privedlo do velikega in neskončnega prepira med tremi.

Una disputa sobre quién debería cortar leña se salió de control.

Spor o tem, kdo naj seka drva, je ušel izpod nadzora.

Pronto se nombraron padres, madres, primos y parientes muertos.

Kmalu so bili imenovani očetje, matere, bratranci in sestrične ter umrli sorodniki.

Las opiniones de Hal sobre el arte o las obras de su tío se convirtieron en parte de la pelea.

Halovi pogledi na umetnost ali stričeve igre so postali del boja.

Las creencias políticas de Charles también entraron en el debate.

V razpravo so vstopila tudi Charlesova politična prepričanja.

Para Mercedes, incluso los chismes de la hermana de su marido parecían relevantes.

Mercedes so se celo trače njene moževe sestre zdele pomembne.

Ella expresó sus opiniones sobre eso y sobre muchos de los defectos de la familia de Charles.

Izrazila je mnenja o tem in o številnih pomanjkljivostih Charlesove družine.

Mientras discutían, el fuego permaneció apagado y el campamento medio montado.

Medtem ko sta se prepirala, je ogenj ostal ugasnjen in tabor napol požgan.

Mientras tanto, los perros permanecieron fríos y sin comida.

Medtem so psi ostali premraženi in brez hrane.

Mercedes tenía un motivo de queja que consideraba profundamente personal.

Mercedes je imela zamero, ki jo je imela za globoko osebno.

Se sintió maltratada como mujer, negándole sus privilegios de gentileza.

Kot ženska se je počutila slabo obravnavano, odrekane so ji bile njene nežne privilegije.

Ella era bonita y dulce, y acostumbrada a la caballerosidad toda su vida.

Bila je lepa in nežna ter vse življenje vajena viteštva.

Pero su marido y su hermano ahora la trataban con impaciencia.

Toda njen mož in brat sta jo zdaj obravnavala z nestrpnostjo.

Su costumbre era actuar con impotencia y comenzaron a quejarse.

Njena navada je bila, da se dela nemočna, in začeli so se pritoževati.

Ofendida por esto, les hizo la vida aún más difícil.

Zaradi tega je užaljena in jim je še bolj otežila življenje.

Ella ignoró a los perros e insistió en montar ella misma el trineo.

Pse je ignorirala in vztrajala, da se bo sama peljala s sanmi.

Aunque parecía ligera de aspecto, pesaba ciento veinte libras.

Čeprav je bila videti rahlo vitka, je tehtala sto dvajset funtov.

Esa carga adicional era demasiado para los perros hambrientos y débiles.

To dodatno breme je bilo preveč za stradajoče, šibke pse.

Aún así, ella cabalgó durante días, hasta que los perros se desplomaron en las riendas.

Vseeno je jahala več dni, dokler se psi niso zgrudili pod vajeti.

El trineo se detuvo y Charles y Hal le rogaron que caminara.

Sani so stale, Charles in Hal pa sta jo prosila, naj gre peš.

Ellos suplicaron y rogaron, pero ella lloró y los llamó crueles.

Prosili so in rotili, ona pa je jokala in jih imenovala krute.

En una ocasión la sacaron del trineo con pura fuerza y enojo.

Nekoč so jo s silo in jezo potegnili s sani.

Nunca volvieron a intentarlo después de lo que pasó aquella vez.

Po tistem, kar se je zgodilo, niso nikoli več poskusili.

Ella se quedó flácida como un niño mimado y se sentó en la nieve.

Omahnila je kot razvajen otrok in se usedla v sneg.

Ellos siguieron adelante, pero ella se negó a levantarse o seguirlos.

Šla sta naprej, a ona ni hotela vstati ali slediti za njima.

Después de tres millas, se detuvieron, regresaron y la llevaron de regreso.

Po petih kilometrih so se ustavili, vrnili in jo odnesli nazaj.

La volvieron a cargar en el trineo, nuevamente usando la fuerza bruta.

Ponovno so jo naložili na sani, spet z vso močjo.

En su profunda miseria, fueron insensibles al sufrimiento de los perros.

V svoji globoki bedi so bili brezbrižni do trpljenja psov.

Hal creía que uno debía endurecerse y forzar esa creencia a los demás.

Hal je verjel, da se je treba utrditi, in to prepričanje je vsiljeval drugim.

Primero intentó predicar su filosofía a su hermana.

Najprej je poskušal svojo filozofijo pridigati sestri

y luego, sin éxito, le predicó a su cuñado.

in nato je brez uspeha pridigal svojemu svaku.

Tuvo más éxito con los perros, pero sólo porque los lastimaba.

Pri psih je imel več uspeha, vendar le zato, ker jih je poškodoval.

En Five Fingers, la comida para perros se quedó completamente sin comida.

V Five Fingers je pasji hrani popolnoma zmanjkalo hrane.

Una vieja india desdentada vendió unas cuantas libras de cuero de caballo congelado

Brezzoba stara ženska je prodala nekaj kilogramov zamrznjene konjske kože

Hal cambió su revólver por la piel de caballo seca.

Hal je zamenjal svoj revolver za posušeno konjsko kožo.

La carne había procedido de caballos hambrientos de ganaderos meses antes.

Meso je prišlo od sestradanih konj živinorejcev več mesecev prej.

Congelada, la piel era como hierro galvanizado: dura y incomestible.

Zamrznjena koža je bila kot pocinkano železo; trda in neužitna.

Los perros tenían que masticar sin parar la piel para poder comérsela.

Psi so morali neskončno žvečiti kožo, da so jo pojedli.

Pero las cuerdas correosas y el pelo corto no constituían apenas alimento.

Toda usnjate strune in kratki lasje niso bili ravno hrana.

La mayor parte de la piel era irritante y no era alimento en ningún sentido estricto.

Večina kože je bila dražeča in v pravem pomenu besede ni bila hrana.

Y durante todo ese tiempo, Buck se tambaleaba al frente, como en una pesadilla.

In skoz vse to se je Buck opotekal spredaj, kot v nočni mori.

Tiraba cuando podía, y cuando no, se quedaba tendido hasta que un látigo o un garrote lo levantaban.

Vlekel je, kadar je mogel; kadar ni mogel, je ležal, dokler ga ni dvignil bič ali palica.

Su fino y brillante pelaje había perdido toda la rigidez y brillo que alguna vez tuvo.

Njegova fina, sijoča dlaka je izgubila vso togost in sijaj, ki ga je nekoč imela.

Su cabello colgaba lacio, enmarañado y cubierto de sangre seca por los golpes.

Lasje so mu viseli mlahavi, razmršeni in prepojeni s posušeno krvjo od udarcev.

Sus músculos se encogieron hasta convertirse en cuerdas y sus almohadillas de carne estaban todas desgastadas.

Njegove mišice so se skrčile v vrvice, vse kožne blazinice pa so bile obrabljene.

Cada costilla, cada hueso se veía claramente a través de los pliegues de la piel arrugada.

Vsako rebro, vsaka kost se je jasno videla skozi gube nagubane kože.

Fue desgarrador, pero el corazón de Buck no podía romperse.

Bilo je srce parajoče, a Buckovo srce se ni moglo zlomiti.

El hombre del suéter rojo lo había probado y demostrado hacía mucho tiempo.

Moški v rdečem puloverju je to že zdavnaj preizkusil in dokazal.

Tal como sucedió con Buck, sucedió con el resto de sus compañeros de equipo.

Tako kot je bilo z Buckom, je bilo tudi z vsemi njegovimi preostalimi soigralci.

Eran siete en total, cada uno de ellos un esqueleto andante de miseria.

Skupaj jih je bilo sedem, vsak od njih pa je bil hodeče okostje bede.

Se habían vuelto insensibles a los latigazos y solo sentían un dolor distante.

Otrpnili so do bičanja in čutili so le oddaljeno bolečino.

Incluso la vista y el sonido les llegaban débilmente, como a través de una espesa niebla.

Celo vid in zvok sta do njih segala komaj, kot skozi gosto meglo.

No estaban ni medio vivos: eran huesos con tenues chispas en su interior.

Niso bili napol živi – bili so kosti z medlimi iskricami v notranjosti.

Al detenerse, se desplomaron como cadáveres y sus chispas casi desaparecieron.

Ko so se ustavili, so se zgrudili kot trupla, njihove iskre so skoraj ugasnile.

Y cuando el látigo o el garrote volvían a golpear, las chispas revoloteaban débilmente.

In ko je bič ali palica znova udarila, so iskre šibko zaplapolale.

Entonces se levantaron, se tambalearon hacia adelante y arrastraron sus extremidades hacia delante.

Nato so vstali, se opotekajoče premaknili naprej in vlekli svoje ude naprej.

Un día el amable Billee se cayó y ya no pudo levantarse.

Nekega dne je prijazni Billee padel in se sploh ni mogel več dvigniti.

Hal había cambiado su revólver, por lo que utilizó un hacha para matar a Billee.

Hal je zamenjal svoj revolver, zato je namesto tega uporabil sekiro, da bi ubil Billeeja.

Lo golpeó en la cabeza, luego le cortó el cuerpo y se lo llevó arrastrado.

Udaril ga je po glavi, nato mu je odrezal telo in ga odvlekel stran.

Buck vio esto, y también los demás; sabían que la muerte estaba cerca.

Buck je to videl, pa tudi drugi; vedeli so, da je smrt blizu.

Al día siguiente Koona se fue, dejando sólo cinco perros en el equipo hambriento.

Naslednji dan je Koona odšla in v stradajoči vpregi je ostalo le pet psov.

Joe, que ya no era malo, estaba demasiado perdido como para darse cuenta de gran cosa.

Joe, ki ni bil več zloben, je bil preveč zgrešen, da bi se sploh česa zavedal.

Pike, que ya no fingía su lesión, estaba apenas consciente.

Pike, ki se ni več pretvarjal, da je poškodovan, je bil komaj pri zavesti.

Solleks, todavía fiel, lamentó no tener fuerzas para dar.

Solleks, še vedno zvest, je žaloval, da nima moči, ki bi jo lahko dal.

Teek fue el que más perdió porque estaba más fresco, pero su rendimiento se estaba agotando rápidamente.

Teeka so najbolj premagali, ker je bil bolj svež, a je hitro izgubljal na moči.

Y Buck, todavía a la cabeza, ya no mantenía el orden ni lo hacía cumplir.

In Buck, ki je bil še vedno v vodstvu, ni več vzdrževal reda ali ga uveljavljal.

Medio ciego por la debilidad, Buck siguió el rastro sólo por el tacto.

Napol slep od šibkosti je Buck sledil samo po občutku.

Era un hermoso clima primaveral, pero ninguno de ellos lo notó.

Bilo je čudovito pomladno vreme, a nihče od njih tega ni opazil.

Cada día el sol salía más temprano y se ponía más tarde que el anterior.

Vsak dan je sonce vzšlo prej in zašlo kasneje kot prej.

A las tres de la mañana ya había amanecido; el crepúsculo duró hasta las nueve.

Ob treh zjutraj se je zdanilo; mrak je trajal do devetih.

Los largos días estuvieron llenos del resplandor del sol primaveral.

Dolgi dnevi so bili polni žara spomladanskega sonca.

El silencio fantasmal del invierno se había transformado en un cálido murmullo.

Zimska tišina se je spremenila v toplo šumenje.

Toda la tierra estaba despertando, viva con la alegría de los seres vivos.

Vsa dežela se je prebujala, živa od veselja živih bitij.

El sonido provenía de lo que había permanecido muerto e inmóvil durante el invierno.

Zvok je prihajal iz tistega, kar je pozimi ležalo mrtvo in negibno.

Ahora, esas cosas se movieron nuevamente, sacudiéndose el largo sueño helado.

Zdaj so se te stvari spet premaknile in se otresle dolgega zmrzalnega spanca.

La savia subía a través de los oscuros troncos de los pinos que esperaban.

Sok se je dvigal skozi temna debla čakajočih borovcev.

Los sauces y los álamos brotan brillantes y jóvenes brotes en cada ramita.

Vrbe in trepetlike na vsaki vejici poženejo svetle mlade popke.

Los arbustos y las enredaderas se vistieron de un verde fresco a medida que el bosque cobraba vida.

Grmičevje in trta so se sveže ozelenili, ko so gozdovi oživeli.

Los grillos cantaban por la noche y los insectos se arrastraban bajo el sol del día.

Ponoči so čivkali črički, na dnevnem soncu pa so se plazile žuželke.

Las perdices graznaban y los pájaros carpinteros picoteaban en lo profundo de los árboles.

Jerebice so bučale, žolne pa so trkale globoko v drevesih.

Las ardillas parloteaban, los pájaros cantaban y los gansos graznaban al hablarles a los perros.

Veverice so čebljale, ptice so pele, gosi pa so trobile nad psi.

Las aves silvestres llegaron en grupos afilados, volando desde el sur.

Divje kokoši so prihajale v ostrih klinih, letale so z juga.

De cada ladera llegaba la música de arroyos ocultos y caudalosos.

Z vsakega pobočja je prihajala glasba skritih, deročih potokov.

Todas las cosas se descongelaron y se rompieron, se doblaron y volvieron a ponerse en movimiento.

Vse se je odtalilo, počilo, upognilo in spet začelo gibati.

El Yukón se esforzó por romper las frías cadenas del hielo congelado.

Yukon se je naprezal, da bi pretrgal hladne verige zmrznjenega ledu.

El hielo se derritió desde abajo, mientras que el sol lo derritió desde arriba.

Led se je topil spodaj, sonce pa ga je topilo od zgoraj.

Se abrieron agujeros de aire, se abrieron grietas y algunos trozos cayeron al río.

Odprle so se zračne luknje, razširile so se razpoke in kosi so padali v reko.

En medio de toda esta vida frenética y llameante, los viajeros se tambaleaban.

Sredi vsega tega vrveža in žarečega življenja so se popotniki opotekali.

Dos hombres, una mujer y una jauría de perros esquimales caminaban como muertos.

Dva moška, ženska in krdelo haskijev so hodili kot mrtvi.

Los perros caían, Mercedes lloraba, pero seguía montando el trineo.

Psi so padali, Mercedes je jokala, a je še vedno jahala sani.

Hal maldijo débilmente y Charles parpadeó con los ojos llorosos.

Hal je slabotno preklinjal, Charles pa je pomežiknil skozi solzne oči.

Se toparon con el campamento de John Thornton junto a la desembocadura del río Blanco.

Naleteli so na Thorntonov tabor ob ustju Bele reke.

Cuando se detuvieron, los perros cayeron al suelo, como si todos hubieran muerto.

Ko so se ustavili, so se psi zgrudili na tla, kot da bi bili vsi mrtvi.

Mercedes se secó las lágrimas y miró a John Thornton.

Mercedes si je obrisala solze in pogledala Johna Thorntona.

Charles se sentó en un tronco, lenta y rígidamente, dolorido por el camino.

Charles je sedel na hlod, počasi in togo, boleč od poti.

Hal habló mientras Thornton tallaba el extremo del mango de un hacha.

Hal je govoril, medtem ko je Thornton rezljal konec ročaja sekire.

Él tallaba madera de abedul y respondía con respuestas breves y firmes.

Rezal je brezov les in odgovarjal s kratkimi, a odločnimi odgovori.

Cuando se le preguntó, dio consejos, seguro de que no serían seguidos.

Ko so ga vprašali, je dal nasvet, prepričan, da ga ne bodo upoštevali.

Hal explicó: "Nos dijeron que el hielo del sendero se estaba desprendiendo".

Hal je pojasnil: »Rekli so nam, da se led na poti topi.«

Dijeron que nos quedáramos allí, pero llegamos a White River.

„Rekli so, naj ostanemo pri miru – ampak prišli smo do Bele reke."

Terminó con un tono burlón, como para proclamar la victoria en medio de las dificultades.

Končal je s posmehljivim tonom, kot da bi želel razglasiti zmago v stiski.

—Y te dijeron la verdad —respondió John Thornton a Hal en voz baja.

„In povedali so ti resnico," je John Thornton tiho odgovoril Halu.

"El hielo puede ceder en cualquier momento; está a punto de desprenderse".

"Led lahko popusti vsak hip – pripravljen je odpadi."

"Solo la suerte ciega y los tontos pudieron haber llegado tan lejos con vida".

"Samo slepa sreča in bedaki so lahko prišli tako daleč živi."

"Te lo digo directamente: no arriesgaría mi vida ni por todo el oro de Alaska".

"Povem ti naravnost, ne bi tvegal svojega življenja za vse aljaško zlato."

—Supongo que es porque no eres tonto —respondió Hal.

„To je verjetno zato, ker nisi bedak," je odgovoril Hal.

—De todos modos, seguiremos hasta Dawson. —Desenrolló el látigo.

„Vseeno bomo šli naprej do Dawsona." Odvil je bič.

—¡Sube, Buck! ¡Hola! ¡Sube! ¡Vamos! —gritó con dureza.

„Pojdi gor, Buck! Živjo! Vstani! Kar daj!" je ostro zavpil.

Thornton siguió tallando madera, sabiendo que los tontos no escucharían razones.

Thornton je kar naprej rezbaril, saj je vedel, da bedaki ne bodo poslušali razuma.

Detener a un tonto era inútil, y dos o tres tontos no cambiaban nada.

Ustaviti bedaka je bilo zaman – in dva ali trije bedaci niso ničesar spremenili.

Pero el equipo no se movió ante la orden de Hal.

Toda ekipa se ob zvoku Halovega ukaza ni premaknila.

A estas alturas, sólo los golpes podían hacerlos levantarse y avanzar.

Do zdaj so jih lahko le udarci dvignili in potegnili naprej.

El látigo golpeó una y otra vez a los perros debilitados.

Bič je znova in znova udarjal po oslabelih psih.

John Thornton apretó los labios con fuerza y observó en silencio.

John Thornton je tesno stisnil ustnice in molče opazoval.

Solleks fue el primero en ponerse de pie bajo el látigo.

Solleks se je prvi pod bičem splazil na noge.

Entonces Teek lo siguió, temblando. Joe gritó al tambalearse.

Nato je Teek trepetajoč sledil. Joe je kriknil, ko se je spotaknil.

Pike intentó levantarse, falló dos veces y finalmente se mantuvo en pie, tambaleándose.

Pike je poskušal vstati, dvakrat mu ni uspelo, nato pa je končno ostal negotov.

Pero Buck yacía donde había caído, sin moverse en absoluto este momento.

Toda Buck je ležal tam, kjer je padel, tokrat se sploh ni premaknil.

El látigo lo golpeaba una y otra vez, pero él no emitía ningún sonido.

Bič ga je znova in znova bičal, a ni izdal niti glasu.

Él no se inmutó ni se resistió, simplemente permaneció quieto y en silencio.

Ni se zdrznil ali upiral, preprosto je ostal pri miru in tiho.

Thornton se movió más de una vez, como si fuera a hablar, pero no lo hizo.

Thornton se je večkrat premaknil, kot da bi hotel spregovoriti, a ni.

Sus ojos se humedecieron y el látigo siguió golpeando contra Buck.

Oči so se mu orosile, bič pa je še vedno prasketal po Bucku.

Finalmente, Thornton comenzó a caminar lentamente, sin saber qué hacer.

Končno je Thornton začel počasi hoditi sem ter tja, negotov, kaj naj stori.

Era la primera vez que Buck fallaba y Hal se puso furioso.

Bucku je prvič spodletelo, Hal pa je postal besen.

Dejó el látigo y en su lugar tomó el pesado garrote.

Vrgel je bič in namesto tega pograbil težko palico.

El palo de madera cayó con fuerza, pero Buck todavía no se levantó para moverse.

Lesena palica je močno udarila, a Buck se še vedno ni dvignil, da bi se premaknil.

Al igual que sus compañeros de equipo, era demasiado débil, pero más que eso.

Tako kot njegovi soigralci je bil prešibak – ampak še več kot to.

Buck había decidido no moverse, sin importar lo que sucediera después.

Buck se je odločil, da se ne bo premaknil, ne glede na to, kaj se bo zgodilo potem.

Sintió algo oscuro y seguro flotando justo delante.

Čutil je nekaj temnega in nedvomnega, ki je lebdel tik pred njim.

Ese miedo se apoderó de él tan pronto como llegó a la orilla del río.

Ta strah ga je obšel takoj, ko je prišel do rečnega brega.

La sensación no lo había abandonado desde que sintió el hielo fino bajo sus patas.

Občutek ga ni zapustil, odkar je pod šapami začutil tanek led.

Algo terrible lo esperaba; lo sintió más allá del camino.

Nekaj groznega ga je čakalo – čutil je to tik ob poti.

No iba a caminar hacia esa cosa terrible que había delante.

Ni nameraval hoditi proti tisti grozni stvari pred seboj.

Él no iba a obedecer ninguna orden que lo llevara a esa cosa.

Ni nameraval ubogati nobenega ukaza, ki bi ga pripeljal do tiste stvari.

El dolor de los golpes apenas lo afectaba ahora: estaba demasiado lejos.

Bolečina udarcev ga zdaj komajda ni dotaknila – bil je predaleč.

La chispa de la vida parpadeaba débilmente y se apagaba bajo cada golpe cruel.

Iskra življenja je utripala nizko, zatemnjena pod vsakim krutim udarcem.

Sus extremidades se sentían distantes; su cuerpo entero parecía pertenecer a otro.

Njegovi udi so se zdeli oddaljeni; zdelo se je, kot da celo telo pripada nekomu drugemu.

Sintió un extraño entumecimiento mientras el dolor desapareció por completo.

Občutil je nenavadno otrplost, ko je bolečina popolnoma izginila.

Desde lejos, sentía que lo golpeaban, pero apenas lo sabía.

Od daleč je čutil, da ga pretepajo, a se tega komaj zavedal.

Podía oír los golpes débilmente, pero ya no dolían realmente.

Rahlo je slišal udarce, vendar ga niso več zares boleli.

Los golpes dieron en el blanco, pero su cuerpo ya no parecía el suyo.

Udarci so sicer priletavali, a njegovo telo se ni več zdelo njegovo.

Entonces, de repente y sin previo aviso, John Thornton lanzó un grito salvaje.

Nato je nenadoma, brez opozorila, John Thornton divje zavpil.

Era un grito inarticulado, más el grito de una bestia que el de un hombre.

Bil je neartikuliran, bolj krik zveri kot človeka.

Saltó hacia el hombre con el garrote y tiró a Hal hacia atrás.

Skočil je na moškega s palico in Hala podrl nazaj.

Hal voló como si lo hubiera golpeado un árbol y aterrizó con fuerza en el suelo.

Hal je poletel, kot bi ga zadelo drevo, in trdo pristal na tleh.

Mercedes gritó en pánico y se llevó las manos a la cara.

Mercedes je panično zakričala in se prijela za obraz.

Charles se limitó a mirar, se secó los ojos y permaneció sentado.

Karel je samo opazoval, si obrisal oči in ostal sedeti.

Su cuerpo estaba demasiado rígido por el dolor para levantarse o ayudar en la pelea.

Njegovo telo je bilo preveč otrdelo od bolečine, da bi vstal ali pomagal v boju.

Thornton se quedó de pie junto a Buck, temblando de furia, incapaz de hablar.

Thornton je stal nad Buckom, trepetal od besa in ni mogel govoriti.

Se estremeció de rabia y luchó por encontrar su voz a través de ella.

Tresel se je od besa in se trudil najti svoj glas.

—Si vuelves a golpear a ese perro, te mataré —dijo finalmente.

„Če še enkrat udariš tega psa, te bom ubil," je končno rekel.

Hal se limpió la sangre de la boca y volvió a avanzar.

Hal si je obrisal kri z ust in spet stopil naprej.

—Es mi perro —murmuró—. ¡Quítate del medio o te curaré!

„To je moj pes," je zamrmral. „Umakni se, sicer te bom popravil."

"Voy a Dawson y no me lo vas a impedir", añadió.

„Grem v Dawson in ti me ne boš ustavil," je dodal.

Thornton se mantuvo firme entre Buck y el joven enojado.

Thornton je trdno stal med Buckom in jeznim mladeničem.

No tenía intención de hacerse a un lado o dejar pasar a Hal.

Ni imel namena stopiti na stran ali pustiti Hala mimo.

Hal sacó su cuchillo de caza, largo y peligroso en la mano.

Hal je izvlekel svoj lovski nož, dolg in nevaren v roki.

Mercedes gritó, luego lloró y luego rió con una histeria salvaje.

Mercedes je kričala, nato jokala, nato pa se je divje histerično smejala.

Thornton golpeó la mano de Hal con el mango de su hacha, fuerte y rápido.

Thornton je močno in hitro udaril Hala po roki z ročajem sekire.

El cuchillo se soltó del agarre de Hal y voló al suelo.

Nož je Halu izpadel iz rok in poletel na tla.

Hal intentó recoger el cuchillo y Thornton volvió a golpearle los nudillos.

Hal je poskušal dvigniti nož, Thornton pa je spet potrkal s členki.

Entonces Thornton se agachó, agarró el cuchillo y lo sostuvo.

Nato se je Thornton sklonil, zgrabil nož in ga držal.

Con dos rápidos golpes del mango del hacha, cortó las riendas de Buck.

Z dvema hitrima zamahoma ročaja sekire je prerezal Buckove vajeti.

Hal ya no tenía fuerzas para luchar y se apartó del perro.

Hal se ni več mogel boriti in se je umaknil od psa.

Además, Mercedes necesitaba ahora ambos brazos para mantenerse erguida.

Poleg tega je Mercedes zdaj potrebovala obe roki, da je ostala pokonci.

Buck estaba demasiado cerca de la muerte como para volver a ser útil para tirar de un trineo.

Buck je bil preblizu smrti, da bi lahko spet vlekel sani.

Unos minutos después, se marcharon y se dirigieron río abajo.

Nekaj minut kasneje so se odpeljali in se odpravili po reki navzdol.

Buck levantó la cabeza débilmente y los observó mientras salían del banco.

Buck je šibko dvignil glavo in jih opazoval, kako odhajajo iz banke.

Pike lideró el equipo, con Solleks en la parte trasera, al volante.

Pike je vodil ekipo, Solleks pa je bil zadaj na mestu zadnjega kolesarja.

Joe y Teek caminaron entre ellos, ambos cojeando por el cansancio.

Joe in Teek sta hodila med njimi, oba šepajoča od izčrpanosti.

Mercedes se sentó en el trineo y Hal agarró el largo palo.

Mercedes je sedela na saneh, Hal pa se je oklepal dolge palice.

Charles se tambaleó detrás, sus pasos torpes e inseguros.

Karel se je opotekal zadaj, njegovi koraki so bili nerodni in negotovi.

Thornton se arrodilló junto a Buck y buscó con delicadeza los huesos rotos.

Thornton je pokleknil poleg Bucka in nežno pretipal zlomljene kosti.

Sus manos eran ásperas pero se movían con amabilidad y cuidado.

Njegove roke so bile hrapave, a gibane s prijaznostjo in skrbnostjo.

El cuerpo de Buck estaba magullado pero no mostraba lesiones duraderas.

Buckovo telo je bilo polno modric, vendar ni kazalo trajnih poškodb.

Lo que quedó fue un hambre terrible y una debilidad casi total.

Ostala je bila strašna lakota in skoraj popolna šibkost.

Cuando esto quedó claro, el trineo ya había avanzado mucho río abajo.

Ko se je to razjasnilo, so sani že daleč odplule po reki.

El hombre y el perro observaron cómo el trineo se deslizaba lentamente sobre el hielo agrietado.

Mož in pes sta opazovala, kako se sani počasi plazijo po razpokanem ledu.

Luego vieron que el trineo se hundía en un hueco.

Nato so videli, kako se sani pogrezajo v votlino.

El mástil voló hacia arriba, con Hal todavía aferrándose a él en vano.

Palica je poletela navzgor, Hal pa se je še vedno zaman oklepal.

El grito de Mercedes les llegó a través de la fría distancia.

Mercedesin krik jih je dosegel čez hladno razdaljo.

Charles se giró y dio un paso atrás, pero ya era demasiado tarde.

Charles se je obrnil in stopil korak nazaj – a je bilo prepozno.

Una capa de hielo entera cedió y todos ellos cayeron al suelo.

Cela ledena plošča se je umaknila in vsi so padli skozenj.

Los perros, los trineos y las personas desaparecieron en el agua negra que había debajo.

Psi, sani in ljudje so izginili v črni vodi spodaj.

En el hielo por donde habían pasado sólo quedaba un amplio agujero.

Kjer so šli mimo, je ostala le široka luknja v ledu.

El sendero se había hundido por completo, tal como Thornton había advertido.
Dno poti se je udrlo – tako kot je opozoril Thornton.
Thornton y Buck se miraron el uno al otro y guardaron silencio por un momento.
Thornton in Buck sta se spogledala in za trenutek molčala.
—Pobre diablo —dijo Thornton suavemente, y Buck le lamió la mano.
„Ubogi hudič," je tiho rekel Thornton in Buck mu je obliznil roko.

Por el amor de un hombre
Za ljubezen do moškega

John Thornton se congeló los pies en el frío del diciembre anterior.

Johnu Thorntonu so v mrazu prejšnjega decembra zmrznile noge.

Sus compañeros lo hicieron sentir cómodo y lo dejaron recuperarse solo.

Njegovi partnerji so mu poskrbeli za udobje in ga pustili, da si sam opomore.

Subieron al río para recoger una balsa de troncos para aserrar para Dawson.

Šli so po reki navzgor, da bi nabrali splav žagarskih hlodov za Dawsona.

Todavía cojeaba ligeramente cuando rescató a Buck de la muerte.

Ko je rešil Bucka pred smrtjo, je še vedno rahlo šepal.

Pero como el clima cálido continuó, incluso esa cojera desapareció.

Toda s toplim vremenom, ki se je nadaljevalo, je celo to šepanje izginilo.

Durante los largos días de primavera, Buck descansaba a orillas del río.

Buck je v dolgih pomladnih dneh ležal ob rečnem bregu in počival.

Observó el agua fluir y escuchó a los pájaros y a los insectos.

Opazoval je tekočo vodo in poslušal ptice in žuželke.

Lentamente, Buck recuperó su fuerza bajo el sol y el cielo.

Buck si je pod soncem in nebom počasi povrnil moč.

Un descanso fue maravilloso después de viajar tres mil millas.

Počitek se je po prepotovanih petih tisoč kilometrih zdel čudovit.

Buck se volvió perezoso a medida que sus heridas sanaban y su cuerpo se llenaba.

Buck je postal len, ko so se mu rane zacelile in se mu je telo napolnilo.

Sus músculos se reafirmaron y la carne volvió a cubrir sus huesos.

Njegove mišice so se utrdile in meso je spet prekrilo njegove kosti.

Todos estaban descansando: Buck, Thornton, Skeet y Nig.

Vsi so počivali – Buck, Thornton, Skeet in Nig.

Esperaron la balsa que los llevaría a Dawson.

Čakali so na splav, ki jih bo odpeljal v Dawson.

Skeet era un pequeño setter irlandés que se hizo amigo de Buck.

Skeet je bil majhen irski seter, ki se je spoprijateljil z Buckom.

Buck estaba demasiado débil y enfermo para resistirse a ella en su primer encuentro.

Buck je bil prešibak in bolan, da bi se ji na prvem srečanju uprl.

Skeet tenía el rasgo de sanador que algunos perros poseen naturalmente.

Skeet je imel zdravilno lastnost, ki jo imajo nekateri psi naravno.

Como una gata madre, lamió y limpió las heridas abiertas de Buck.

Kot mama mačka je lizala in čistila Buckove surove rane.

Todas las mañanas, después del desayuno, repetía su minucioso trabajo.

Vsako jutro po zajtrku je ponovila svoje skrbno delo.

Buck llegó a esperar su ayuda tanto como la de Thornton.

Buck je pričakoval njeno pomoč prav toliko kot Thorntonovo.

Nig también era amigable, pero menos abierto y menos cariñoso.

Tudi Nig je bil prijazen, vendar manj odprt in manj ljubeč.

Nig era un perro grande y negro, mitad sabueso y mitad lebrel.

Nig je bil velik črn pes, delno krvoslednik in delno jelenji hrt.

Tenía ojos sonrientes y un espíritu bondadoso sin límites.

Imel je smejoče se oči in neskončno dobro voljo v duši.

Para sorpresa de Buck, ninguno de los perros mostró celos hacia él.

Na Buckovo presenečenje nobeden od psov ni pokazal ljubosumja do njega.

Tanto Skeet como Nig compartieron la amabilidad de John Thornton.

Tako Skeet kot Nig sta bila prijazna kot John Thornton.

A medida que Buck se hacía más fuerte, lo atrajeron hacia juegos de perros tontos.

Ko je Buck postajal močnejši, so ga zvabili v neumne pasje igre.

Thornton también jugaba a menudo con ellos, incapaz de resistirse a su alegría.

Tudi Thornton se je pogosto igral z njimi, saj se ni mogel upreti njihovemu veselju.

De esta manera lúdica, Buck pasó de la enfermedad a una nueva vida.

Na ta igriv način se je Buck iz bolezni premaknil v novo življenje.

El amor, el amor verdadero, ardiente y apasionado, finalmente era suyo.

Ljubezen – resnična, goreča in strastna ljubezen – je bila končno njegova.

Nunca había conocido ese tipo de amor en la finca de Miller.

Takšne ljubezni na Millerjevem posestvu še ni poznal.

Con los hijos del Juez había compartido trabajo y aventuras.

S sodnikovimi sinovi si je delil delo in pustolovščine.

En los nietos vio un orgullo rígido y jactancioso.

Pri vnukih je videl tog in bahav ponos.

Con el propio juez Miller mantuvo una amistad respetuosa.

S sodnikom Millerjem je imel spoštljivo prijateljstvo.

Pero el amor que era fuego, locura y adoración llegó con Thornton.

Toda ljubezen, ki je bila ogenj, norost in čaščenje, je prišla s Thorntonom.

Este hombre había salvado la vida de Buck, y eso solo significaba mucho.

Ta mož je rešil Bucku življenje in že samo to je veliko pomenilo.

Pero más que eso, John Thornton era el tipo de maestro ideal.

A še več kot to, John Thornton je bil idealen mojster.

Otros hombres cuidaban perros por obligación o necesidad laboral.

Drugi moški so skrbeli za pse iz dolžnosti ali poslovne nujnosti.

John Thornton cuidaba a sus perros como si fueran sus hijos.

John Thornton je skrbel za svoje pse, kot da bi bili njegovi otroci.

Él se preocupaba por ellos porque los amaba y simplemente no podía evitarlo.

Skrbelo ga je zanje, ker jih je imel rad in si preprosto ni mogel pomagati.

John Thornton vio incluso más lejos de lo que la mayoría de los hombres lograron ver.

John Thornton je videl še dlje, kot je večina moških kdajkoli uspela videti.

Nunca se olvidó de saludarlos amablemente o decirles alguna palabra de aliento.

Nikoli ni pozabil, da jih prijazno pozdravi ali jim spregovori kakšno spodbudno besedo.

Le encantaba sentarse con los perros para tener largas charlas, o "gases", como él decía.

Rad je sedel s psi na dolge pogovore ali, kot je rekel, "napihnjen".

Le gustaba agarrar bruscamente la cabeza de Buck entre sus fuertes manos.

Rad je grobo zgrabil Buckovo glavo med svojimi močnimi rokami.

Luego apoyó su cabeza contra la de Buck y lo sacudió suavemente.

Nato je naslonil glavo na Buckovo in ga nežno stresel.

Mientras tanto, él llamaba a Buck con nombres groseros que significaban amor para Buck.

Ves čas je Bucka klical nesramne vzdevke, ki so Bucku pomenile ljubezen.

Para Buck, ese fuerte abrazo y esas palabras le trajeron una profunda alegría.

Bucku sta ta grob objem in te besede prinesla globoko veselje.

Su corazón parecía latir con fuerza de felicidad con cada movimiento.

Zdelo se je, kot da mu srce ob vsakem gibu zaigra od sreče.

Cuando se levantó de un salto, su boca parecía como si se estuviera riendo.

Ko je zatem skočil pokonci, so se mu usta zdela, kot da se smejijo.

Sus ojos brillaban intensamente y su garganta temblaba con una alegría tácita.

Oči so mu žarele in grlo se mu je treslo od neizrečenega veselja.

Su sonrisa se detuvo en ese estado de emoción y afecto resplandeciente.

Njegov nasmeh je obstal v tistem stanju čustev in žareče naklonjenosti.

Entonces Thornton exclamó pensativo: "¡Dios! ¡Casi puede hablar!"

Tedaj je Thornton zamišljeno vzkliknil: »Bog! Skoraj lahko govori!«

Buck tenía una extraña forma de expresar amor que casi causaba dolor.

Buck je imel čuden način izražanja ljubezni, ki ga je skoraj bolel.

A menudo apretaba muy fuerte la mano de Thornton entre los dientes.

Pogosto je Thorntonovo roko zelo močno stisnil z zobmi.

La mordedura iba a dejar marcas profundas que permanecerían durante algún tiempo.

Ugriz naj bi pustil globoke sledi, ki so ostale še nekaj časa zatem.

Buck creía que esos juramentos eran de amor y Thornton lo sabía también.

Buck je verjel, da so te prisege ljubezen, in Thornton je vedel enako.

La mayoría de las veces, el amor de Buck se demostraba en una adoración silenciosa, casi silenciosa.

Najpogosteje se je Buckova ljubezen kazala v tihem, skoraj neslišnem oboževanju.

Aunque se emocionaba cuando lo tocaban o le hablaban, no buscaba atención.

Čeprav je bil navdušen, ko so se ga dotaknili ali se z njim pogovarjali, ni iskal pozornosti.

Skeet empujó su nariz bajo la mano de Thornton hasta que él la acarició.

Skeet je dregnila smrček pod Thorntonovo roko, dokler je ni pobožal.

Nig se acercó en silencio y apoyó su gran cabeza en la rodilla de Thornton.

Nig je tiho stopil bližje in naslonil svojo veliko glavo na Thorntonovo koleno.

Buck, por el contrario, se conformaba con amar desde una distancia respetuosa.

Buck pa je bil zadovoljen, da je ljubil s spoštljive razdalje.

Durante horas permaneció tendido a los pies de Thornton, alerta y observando atentamente.

Ure in ure je ležal ob Thorntonovih nogah, pozoren in pozorno opazoval.

Buck estudió cada detalle del rostro de su amo y su más mínimo movimiento.

Buck je preučeval vsako podrobnost obraza svojega gospodarja in najmanjši gib.

O yacía más lejos, estudiando la figura del hombre en silencio.

Ali pa je ležal dlje stran in v tišini preučeval moško postavo.

Buck observó cada pequeño movimiento, cada cambio de postura o gesto.

Buck je opazoval vsako majhno gibanje, vsako spremembo drže ali geste.

Tan poderosa era esta conexión que a menudo atraía la mirada de Thornton.

Ta povezava je bila tako močna, da je pogosto pritegnila Thorntonov pogled.

Sostuvo la mirada de Buck sin palabras, pero el amor brillaba claramente a través de ella.

Brez besed je srečal Buckov pogled, skozi katerega je jasno sijala ljubezen.

Durante mucho tiempo después de ser salvado, Buck nunca perdió de vista a Thornton.

Dolgo časa po tem, ko so ga rešili, Buck ni izpustil Thorntona izpred oči.

Cada vez que Thornton salía de la tienda, Buck lo seguía de cerca afuera.

Kadar koli je Thornton zapustil šotor, mu je Buck tesno sledil ven.

Todos los amos severos de las Tierras del Norte habían hecho que Buck tuviera miedo de confiar.

Vsi strogi gospodarji na Severu so Bucka prestrašili, da ne bi zaupal.

Temía que ningún hombre pudiera seguir siendo su amo durante más de un corto tiempo.

Bal se je, da nihče ne more ostati njegov gospodar dlje kot kratek čas.

Temía que John Thornton desapareciera como Perrault y François.

Bal se je, da bo John Thornton izginil kot Perrault in François.

Incluso por la noche, el miedo a perderlo acechaba el sueño inquieto de Buck.

Celo ponoči je strah pred izgubo njega preganjal Bucka v nemirnem spanju.

Cuando Buck se despertó, salió a escondidas al frío y fue a la tienda de campaña.

Ko se je Buck zbudil, se je priplazil ven v mraz in odšel do šotora.

Escuchó atentamente el suave sonido de la respiración en su interior.

Pozorno je prisluhnil, če bo zaslišal tiho dihanje v sebi.

A pesar del profundo amor de Buck por John Thornton, lo salvaje siguió vivo.

Kljub Buckovi globoki ljubezni do Johna Thorntona je divjina ostala živa.

Ese instinto primitivo, despertado en el Norte, no desapareció.

Ta primitivni nagon, prebujen na severu, ni izginil.

El amor trajo devoción, lealtad y el cálido vínculo del fuego.

Ljubezen je prinesla predanost, zvestobo in toplo vez ob ognju.

Pero Buck también mantuvo sus instintos salvajes, agudos y siempre alerta.

Toda Buck je ohranil tudi svoje divje nagone, ostre in vedno pozorne.

No era sólo una mascota domesticada de las suaves tierras de la civilización.

Ni bil le udomačen hišni ljubljenček iz mehkih dežel civilizacije.

Buck era un ser salvaje que había venido a sentarse junto al fuego de Thornton.

Buck je bil divje bitje, ki je prišlo sedet k Thorntonovemu ognju.

Parecía un perro del Sur, pero en su interior vivía lo salvaje.

Izgledal je kot pes iz južne dežele, a v njem je živela divjost.

Su amor por Thornton era demasiado grande como para permitirle robarle algo.

Njegova ljubezen do Thorntona je bila prevelika, da bi mu dovolil krajo.

Pero en cualquier otro campamento, robaría con valentía y sin pausa.

Toda v katerem koli drugem taboru bi kradel pogumno in brez prestanka.

Era tan astuto al robar que nadie podía atraparlo ni acusarlo.

Bil je tako spreten pri kraji, da ga nihče ni mogel ujeti ali obtožiti.

Su rostro y su cuerpo estaban cubiertos de cicatrices de muchas peleas pasadas.

Njegov obraz in telo sta bila prekrita z brazgotinami zaradi številnih preteklih bojev.

Buck seguía luchando con fiereza, pero ahora luchaba con más astucia.

Buck se je še vedno srdito boril, a zdaj se je boril z večjo prebrisanostjo.

Skeet y Nig eran demasiado amables para pelear, y eran de Thornton.

Skeet in Nig sta bila preveč nežna za boj, pa še Thorntonova sta bila.

Pero cualquier perro extraño, por fuerte o valiente que fuese, cedía.

Toda vsak čuden pes, ne glede na to, kako močan ali pogumen je popustil.

De lo contrario, el perro se encontraría luchando contra Buck; luchando por su vida.

Sicer se je pes znašel v boju z Buckom; boril se je za svoje življenje.

Buck no tuvo piedad una vez que decidió pelear contra otro perro.

Buck ni imel usmiljenja, ko se je odločil za boj proti drugemu psu.

Había aprendido bien la ley del garrote y el colmillo en las Tierras del Norte.

Dobro se je naučil zakona kija in zoba na Severu.

Él nunca renunció a una ventaja y nunca se retractó de la batalla.

Nikoli se ni odpovedal prednosti in se nikoli ni umaknil iz boja.

Había estudiado a los Spitz y a los perros más feroces del correo y de la policía.

Preučeval je Špice in najhujše poštne in policijske pse.

Sabía claramente que no había término medio en un combate salvaje.

Jasno je vedel, da v divjem boju ni srednje poti.

Él debía gobernar o ser gobernado; mostrar misericordia significaba mostrar debilidad.

Moral je vladati ali pa biti podrejen; izkazovanje usmiljenja je pomenilo izkazovanje šibkosti.

Mercy era una desconocida en el crudo y brutal mundo de la supervivencia.

Usmiljenje je bilo v surovem in brutalnem svetu preživetja neznano.

Mostrar misericordia era visto como miedo, y el miedo conducía rápidamente a la muerte.

Izkazovanje usmiljenja je bilo razumljeno kot strah, strah pa je hitro vodil v smrt.

La antigua ley era simple: matar o ser asesinado, comer o ser comido.

Stari zakon je bil preprost: ubij ali bodi ubit, jej ali bodi pojeden.

Esa ley vino desde las profundidades del tiempo, y Buck la siguió plenamente.

Ta zakon je prišel iz globin časa in Buck ga je dosledno upošteval.

Buck era mayor que su edad y el número de respiraciones que tomaba.

Buck je bil starejši od svojih let in števila vdihov, ki jih je vdihnil.

Conectó claramente el pasado antiguo con el momento presente.

Jasno je povezal davno preteklost s sedanjim trenutkom.

Los ritmos profundos de las épocas lo atravesaban como mareas.

Globoki ritmi dob so se gibali skozenj kot plimovanje.

El tiempo latía en su sangre con la misma seguridad con la que las estaciones movían la tierra.

Čas mu je v krvi utripoval tako zanesljivo, kot so letni časi premikali zemljo.

Se sentó junto al fuego de Thornton, con el pecho fuerte y los colmillos blancos.

Sedel je ob Thorntonovem ognju, močnih prsi in belih zob.

Su largo pelaje ondeaba, pero detrás de él los espíritus de los perros salvajes observaban.

Njegov dolg kožuh se je valovil, a za njim so opazovali duhovi divjih psov.

Lobos medio y lobos completos se agitaron dentro de su corazón y sus sentidos.

V njegovem srcu in čutilih so se prebudili polvolkovi in pravi volkovi.

Probaron su carne y bebieron la misma agua que él.

Okusili so njegovo meso in pili isto vodo kot on.

Olfatearon el viento junto a él y escucharon el bosque.

Ob njem so vohali veter in poslušali gozd.

Susurraron los significados de los sonidos salvajes en la oscuridad.

V temi so si šepetali pomen divjih zvokov.

Ellos moldearon sus estados de ánimo y guiaron cada una de sus reacciones tranquilas.

Oblikovali so njegova razpoloženja in usmerjali vsako od njegovih tihih reakcij.

Se quedaron con él mientras dormía y se convirtieron en parte de sus sueños más profundos.

Ležali so z njim, ko je spal, in postali del njegovih globokih sanj.

Soñaron con él, más allá de él, y constituyeron su propio espíritu.

Sanjali so z njim, onkraj njega, in sestavljali njegovo dušo.

Los espíritus de la naturaleza llamaron con tanta fuerza que Buck se sintió atraído.

Divji duhovi so klicali tako močno, da se je Buck počutil privlečenega.

Cada día, la humanidad y sus reivindicaciones se debilitaban más en el corazón de Buck.

Vsak dan je človeštvo in njegove zahteve v Buckovem srcu postajalo vse šibkejše.

En lo profundo del bosque, un llamado extraño y emocionante estaba por surgir.

Globoko v gozdu se je zaslišal čuden in vznemirljiv klic.

Cada vez que escuchaba el llamado, Buck sentía un impulso que no podía resistir.

Vsakič, ko je zaslišal klic, je Buck začutil potrebo, ki se ji ni mogel upreti.

Él iba a alejarse del fuego y de los caminos humanos trillados.

Obrnil se bo stran od ognja in s prehojenih človeških poti.

Iba a adentrarse en el bosque, avanzando sin saber por qué.

Nameraval se je pognati v gozd, naprej, ne da bi vedel, zakaj.

Él no cuestionó esta atracción porque el llamado era profundo y poderoso.

Te privlačnosti ni podvomil, saj je bil klic globok in močan.

A menudo, alcanzaba la sombra verde y la tierra suave e intacta.

Pogosto je dosegel zeleno senco in mehko nedotaknjeno zemljo

Pero entonces el fuerte amor por John Thornton lo atrajo de nuevo al fuego.

Potem pa ga je močna ljubezen do Johna Thorntona potegnila nazaj k ognju.

Sólo John Thornton realmente pudo sostener en sus manos el corazón salvaje de Buck.

Samo John Thornton je zares držal Buckovo divje srce v svojem objemu.

El resto de la humanidad no tenía ningún valor o significado duradero para Buck.

Preostanek človeštva za Bucka ni imel trajne vrednosti ali pomena.

Los extraños podrían elogiarlo o acariciar su pelaje con manos amistosas.

Neznanci ga lahko pohvalijo ali pa mu s prijaznimi rokami pobožajo kožuh.

Buck permaneció impasible y se alejó por demasiado afecto.

Buck je ostal neganjen in je zaradi prevelike naklonjenosti odšel.

Hans y Pete llegaron con la balsa que habían esperado durante tanto tiempo.

Hans in Pete sta prispela s splavom, ki so ga dolgo čakali
Buck los ignoró hasta que supo que estaban cerca de Thornton.
Buck jih je ignoriral, dokler ni izvedel, da so blizu Thorntona.
Después de eso, los toleró, pero nunca les mostró total calidez.
Po tem jih je sicer toleriral, a jim ni nikoli pokazal polne topline.
Él aceptaba comida o gentileza de ellos como si les estuviera haciendo un favor.
Jemal je hrano ali prijaznost od njih, kot da bi jim delal uslugo.
Eran como Thornton: sencillos, honestos y claros en sus pensamientos.
Bili so kot Thornton – preprosti, iskreni in jasnih misli.
Todos juntos viajaron al aserradero de Dawson y al gran remolino.
Vsi skupaj so odpotovali do Dawsonove žage in velikega vrtinca
En su viaje aprendieron a comprender profundamente la naturaleza de Buck.
Na svoji poti so se naučili globoko razumeti Buckovo naravo.
No intentaron acercarse como lo habían hecho Skeet y Nig.
Nista se poskušala zbližati, kot sta se to storila Skeet in Nig.
Pero el amor de Buck por John Thornton solo se profundizó con el tiempo.
Toda Buckova ljubezen do Johna Thorntona se je sčasoma le še poglobila.
Sólo Thornton podía colocar una mochila en la espalda de Buck en el verano.
Samo Thornton je lahko poleti Bucka obremenil.
Cualquiera que fuera lo que Thornton ordenaba, Buck estaba dispuesto a hacerlo a cabalidad.
Karkoli je Thornton ukazal, je bil Buck pripravljen v celoti storiti.
Un día, después de que dejaron Dawson hacia las cabeceras del río Tanana,

Nekega dne, ko so zapustili Dawson in se odpravili proti izviru Tanane,

El grupo se sentó en un acantilado que caía un metro hasta el lecho rocoso desnudo.

Skupina je sedela na pečini, ki se je spuščala meter globoko do gole skalne podlage.

John Thornton se sentó cerca del borde y Buck descansó a su lado.

John Thornton je sedel blizu roba, Buck pa je počival poleg njega.

Thornton tuvo una idea repentina y llamó la atención de los hombres.

Thorntonu se je nenadoma posvetila misel in je pritegnil pozornost moških.

Señaló hacia el otro lado del abismo y le dio a Buck una única orden.

Pokazal je čez prepad in dal Bucku en sam ukaz.

—¡Salta, Buck! —dijo, extendiendo el brazo por encima del precipicio.

„Skoči, Buck!" je rekel in zamahnil z roko čez prepad.

En un momento, tuvo que agarrar a Buck, quien estaba saltando para obedecer.

V trenutku je moral zgrabiti Bucka, ki je skočil, da bi ga ubogal.

Hans y Pete corrieron hacia adelante y los pusieron a ambos a salvo.

Hans in Pete sta stekla naprej in oba potegnila nazaj na varno.

Cuando todo terminó y recuperaron el aliento, Pete habló.

Ko se je vse končalo in so si oddahnili, je spregovoril Pete.

"El amor es extraño", dijo, conmocionado por la feroz devoción del perro.

„Ljubezen je nenavadna," je rekel, pretresen od pasje divje predanosti.

Thornton meneó la cabeza y respondió con seriedad y calma.

Thornton je zmajal z glavo in odgovoril z mirno resnostjo.

"No, el amor es espléndido", dijo, "pero también terrible".

„Ne, ljubezen je čudovita," je rekel, „ampak tudi grozna."

"A veces, debo admitirlo, este tipo de amor me da miedo".
"Včasih moram priznati, da me takšna ljubezen straši."
Pete asintió y dijo: "Odiaría ser el hombre que te toque".
Pete je prikimal in rekel: »Ne bi se rad dotaknil tebe.«
Miró a Buck mientras hablaba, serio y lleno de respeto.
Medtem ko je govoril, je pogledal Bucka, resno in polno spoštovanja.
—¡Py Jingo! —dijo Hans rápidamente—. Yo tampoco, señor.
„Py Jingo!" je hitro rekel Hans. „Jaz tudi ne, gospod."

Antes de que terminara el año, los temores de Pete se hicieron realidad en Circle City.
Pred koncem leta so se Peteovi strahovi v Circle Cityju uresničili.
Un hombre cruel llamado Black Burton provocó una pelea en el bar.
Krut moški po imenu Black Burton se je v baru sprl.
Estaba enojado y malicioso, arremetiendo contra un nuevo novato.
Bil je jezen in zloben, napadel je novega tekača.
John Thornton entró en escena, tranquilo y afable como siempre.
Vstopil je John Thornton, miren in dobrodušen kot vedno.
Buck yacía en un rincón, con la cabeza gacha, observando a Thornton de cerca.
Buck je ležal v kotu s sklonjeno glavo in pozorno opazoval Thorntona.
Burton atacó de repente, y su puñetazo hizo que Thornton girara.
Burton je nenadoma udaril, Thorntona pa je zavrtel.
Sólo la barandilla de la barra evitó que se estrellara con fuerza contra el suelo.
Le ograja bara ga je obvarovala pred močnim padcem na tla.
Los observadores oyeron un sonido que no era un ladrido ni un aullido.
Opazovalci so slišali zvok, ki ni bil lajanje ali cviljenje

Un rugido profundo salió de Buck mientras se lanzaba hacia el hombre.

Buck je zagrmel, ko se je pognal proti moškemu.

Burton levantó el brazo y apenas salvó su vida.

Burton je dvignil roko in si komaj rešil življenje.

Buck se estrelló contra él y lo tiró al suelo.

Buck je trčil vanj in ga zbil na tla.

Buck mordió profundamente el brazo del hombre y luego se abalanzó sobre su garganta.

Buck je globoko ugriznil v moškega v roko, nato pa se je pognal proti grlu.

Burton sólo pudo bloquearlo parcialmente y su cuello quedó destrozado.

Burton je lahko le delno blokiral, vrat pa si je raztrgal.

Los hombres se apresuraron a entrar, con los garrotes en alto, y apartaron a Buck del hombre sangrante.

Moški so prihiteli noter z dvignjenimi palicami in odgnali Bucka stran od krvavečega moškega.

Un cirujano trabajó rápidamente para detener la fuga de sangre.

Kirurg je hitro ukrepal, da bi ustavil iztekanje krvi.

Buck caminaba de un lado a otro y gruñía, intentando atacar una y otra vez.

Buck je hodil sem in tja in renčal ter poskušal znova in znova napasti.

Sólo los golpes con los palos le impidieron llegar hasta Burton.

Le s palicami ni mogel doseči Burtona.

Allí mismo se convocó y celebró una asamblea de mineros.

Sklicali so rudarski zbor in ga odpeljali kar na kraju samem.

Estuvieron de acuerdo en que Buck había sido provocado y votaron por liberarlo.

Strinjali so se, da je bil Buck izzvan, in glasovali za njegovo izpustitev.

Pero el feroz nombre de Buck ahora resonaba en todos los campamentos de Alaska.

Toda Buckovo ostro ime je zdaj odmevalo v vsakem taborišču na Aljaski.

Más tarde ese otoño, Buck salvó a Thornton nuevamente de una nueva manera.

Kasneje iste jeseni je Buck na nov način znova rešil Thorntona.

Los tres hombres guiaban un bote largo por rápidos agitados.

Trije moški so vodili dolg čoln po razburkanih brzicah.

Thornton tripulaba el bote, gritando instrucciones para llegar a la costa.

Thornton je upravljal čoln in klical navodila za pot do obale.

Hans y Pete corrieron por la tierra, sosteniendo una cuerda de árbol a árbol.

Hans in Pete sta tekla po kopnem in se držala za vrv, ki je visela od drevesa do drevesa.

Buck seguía el ritmo en la orilla, siempre observando a su amo.

Buck je držal korak na bregu in ves čas opazoval svojega gospodarja.

En un lugar desagradable, las rocas sobresalían bajo el agua rápida.

Na enem grdem mestu so izpod hitre vode štrlele skale.

Hans soltó la cuerda y Thornton dirigió el bote hacia otro lado.

Hans je spustil vrv in Thornton je čoln usmeril na široko.

Hans corrió para alcanzar el barco nuevamente más allá de las rocas peligrosas.

Hans je tekel, da bi spet ujel čoln mimo nevarnih skal.

El barco superó la cornisa pero se topó con una parte más fuerte de la corriente.

Čoln je prečkal rob, a je zadel močnejši del toka.

Hans agarró la cuerda demasiado rápido y desequilibró el barco.

Hans je prehitro zgrabil vrv in čoln potegnil iz ravnotežja.

El barco se volcó y se estrelló contra la orilla, boca abajo.

Čoln se je prevrnil in z dnom navzgor trčil v breg.

Thornton fue arrojado y arrastrado hacia la parte más salvaje del agua.

Thorntona je vrglo ven in ga je odneslo v najbolj divji del vode.

Ningún nadador habría podido sobrevivir en esas aguas turbulentas y mortales.

Noben plavalec ne bi mogel preživeti v teh smrtonosnih, hitrih vodah.

Buck saltó instantáneamente y persiguió a su amo río abajo.

Buck je takoj skočil noter in zasledoval svojega gospodarja po reki.

Después de trescientos metros, llegó por fin a Thornton.

Po tristo metrih je končno dosegel Thornton.

Thornton agarró la cola de Buck y Buck se giró hacia la orilla.

Thornton je zgrabil Bucka za rep in Buck se je obrnil proti obali.

Nadó con todas sus fuerzas, luchando contra el arrastre salvaje del agua.

Plaval je z vso močjo in se boril proti divjemu vlečenju vode.

Se movieron río abajo más rápido de lo que podían llegar a la orilla.

Hitreje so se premikali po toku, kot so lahko dosegli obalo.

Más adelante, el río rugía cada vez más fuerte mientras caía en rápidos mortales.

Pred nami je reka glasneje bučala, ko se je zlivala v smrtonosne brzice.

Las rocas cortaban el agua como los dientes de un peine enorme.

Kamenje je rezalo vodo kot zobje ogromnega glavnika.

La atracción del agua cerca de la caída era salvaje e ineludible.

Vlečenje vode blizu padca je bilo divje in neizogibno.

Thornton sabía que nunca podrían llegar a la costa a tiempo.

Thornton je vedel, da nikoli ne bodo mogli pravočasno prispeti na obalo.

Raspó una roca, se estrelló contra otra,

Strgal je ob eno skalo, razbil ob drugo,

Y entonces se estrelló contra una tercera roca, agarrándola con ambas manos.

In potem je trčil v tretjo skalo in se je oklepal z obema rokama.

Soltó a Buck y gritó por encima del rugido: "¡Vamos, Buck! ¡Vamos!".

Izpustil je Bucka in zakričal čez rjovenje: "Naprej, Buck! Naprej!"

Buck no pudo mantenerse a flote y fue arrastrado por la corriente.

Buck ni mogel ostati na površju in ga je odnesel tok.

Luchó con todas sus fuerzas, intentando girar, pero no consiguió ningún progreso.

Močno se je boril, se trudil obrniti, a ni dosegel nobenega napredka.

Entonces escuchó a Thornton repetir la orden por encima del rugido del río.

Nato je slišal Thorntona, ki je ponovil ukaz čez bučanje reke.

Buck salió del agua y levantó la cabeza como para echar una última mirada.

Buck se je dvignil iz vode in dvignil glavo, kot da bi ga še zadnjič pogledal.

Luego se giró y obedeció, nadando hacia la orilla con resolución.

nato se je obrnil in ubogal ter odločno plaval proti bregu.

Pete y Hans lo sacaron a tierra en el último momento posible.

Pete in Hans sta ga v zadnjem možnem trenutku potegnila na obalo.

Sabían que Thornton podría aferrarse a la roca sólo por unos minutos más.

Vedeli so, da se Thornton lahko oklepa skale le še nekaj minut.

Corrieron por la orilla hasta un lugar mucho más arriba de donde estaba colgado.

Stekli so po bregu do mesta daleč nad mestom, kjer je visel.

Ataron la cuerda del bote al cuello y los hombros de Buck con cuidado.

Vrv čolna so previdno privezali Bucku na vrat in ramena.

La cuerda estaba ajustada pero lo suficientemente suelta para permitir la respiración y el movimiento.

Vrv je bila tesno pripeta, a dovolj ohlapna za dihanje in gibanje.

Luego lo lanzaron nuevamente al caudaloso y mortal río.

Nato so ga spet vrgli v deročo, smrtonosno reko.

Buck nadó con valentía, pero perdió su ángulo debido a la fuerza de la corriente.

Buck je pogumno plaval, a je zgrešil svoj kot v sili potoka.

Se dio cuenta demasiado tarde de que iba a dejar atrás a Thornton.

Prepozno je videl, da bo zdrsnil mimo Thorntona.

Hans tiró de la cuerda con fuerza, como si Buck fuera un barco que se hundía.

Hans je sunkovito zategnil vrv, kot da bi bil Buck prevrnjen čoln.

La corriente lo arrastró hacia abajo y desapareció bajo la superficie.

Tok ga je potegnil pod površje in izginil je.

Su cuerpo chocó contra el banco antes de que Hans y Pete pudieran sacarlo.

Njegovo truplo je udarilo v breg, preden sta ga Hans in Pete potegnila ven.

Estaba medio ahogado y le sacaron el agua a golpes.

Bil je napol utopljen in iz njega so iztisnili vodo.

Buck se puso de pie, se tambaleó y volvió a desplomarse en el suelo.

Buck je vstal, se opotekel in se spet zgrudil na tla.

Entonces oyeron la voz de Thornton llevada débilmente por el viento.

Nato so zaslišali Thorntonov glas, ki ga je slabo nosil veter.

Aunque las palabras no eran claras, sabían que estaba cerca de morir.

Čeprav so bile besede nejasne, so vedeli, da je blizu smrti.

El sonido de la voz de Thornton golpeó a Buck como una sacudida eléctrica.

Zvok Thorntonovega glasu je Bucka zadel kot električni sunek.

Saltó y corrió por la orilla, regresando al punto de lanzamiento.

Skočil je pokonci in stekel po bregu navzgor, nazaj do izhodišča.

Nuevamente ataron la cuerda a Buck, y nuevamente entró al arroyo.

Spet so privezali vrv na Bucka in spet je vstopil v potok.

Esta vez nadó directo y firmemente hacia el agua que palpitaba.

Tokrat je plaval naravnost in odločno v deročo vodo.

Hans soltó la cuerda con firmeza mientras Pete evitaba que se enredara.

Hans je enakomerno spuščal vrv, medtem ko je Pete preprečeval, da bi se zapletla.

Buck nadó con fuerza hasta que estuvo alineado justo encima de Thornton.

Buck je močno plaval, dokler se ni poravnal tik nad Thorntonom.

Luego se dio la vuelta y se lanzó hacia abajo como un tren a toda velocidad.

Nato se je obrnil in se pognal navzdol kot vlak s polno hitrostjo.

Thornton lo vio venir, se preparó y le rodeó el cuello con los brazos.

Thornton ga je videl prihajati, se pripravil in ga objel okoli vratu.

Hans ató la cuerda fuertemente alrededor de un árbol mientras ambos eran arrastrados hacia abajo.

Hans je vrv trdno privezal okoli drevesa, ko sta oba potegnila pod sebe.

Cayeron bajo el agua y se estrellaron contra rocas y escombros del río.

Padali so pod vodo in se zaletavali v skale in rečne naplavine.

En un momento Buck estaba arriba y al siguiente Thornton se levantó jadeando.

V enem trenutku je bil Buck na vrhu, v naslednjem pa je Thornton vstal, sopejoč.

Maltratados y asfixiados, se desviaron hacia la orilla y se pusieron a salvo.

Pretepeni in zadušeni so se obrnili proti bregu in na varno.

Thornton recuperó el conocimiento, acostado sobre un tronco a la deriva.

Thornton se je zavedel, ko je ležal na naplavljenem hlodcu.

Hans y Pete trabajaron duro para devolverle el aliento y la vida.

Hans in Pete sta trdo delala, da bi mu povrnila sapo in življenje.

Su primer pensamiento fue para Buck, que yacía inmóvil y flácido.

Njegova prva misel je bila na Bucka, ki je negibno in mlahavo ležal.

Nig aulló sobre el cuerpo de Buck y Skeet le lamió la cara suavemente.

Nig je zavil nad Buckovim telesom, Skeet pa mu je nežno polizal obraz.

Thornton, dolorido y magullado, examinó a Buck con manos cuidadosas.

Thornton, boleč in podplut, je s skrbnimi rokami pregledal Bucka.

Encontró tres costillas rotas, pero ninguna herida mortal en el perro.

Ugotovil je, da ima tri zlomljena rebra, vendar pri psu ni bilo smrtonosnih ran.

"Eso lo resuelve", dijo Thornton. "Acamparemos aquí". Y así lo hicieron.

„To je rešeno," je rekel Thornton. „Tukaj bomo taborili." In to so storili.

Se quedaron hasta que las costillas de Buck sanaron y pudo caminar nuevamente.

Ostali so, dokler se Bucku niso zacelila rebra in je spet lahko hodil.

Ese invierno, Buck realizó una hazaña que aumentó aún más su fama.

Tisto zimo je Buck izvedel podvig, ki je še bolj povečal njegovo slavo.

Fue menos heroico que salvar a Thornton, pero igual de impresionante.

Bilo je manj junaško kot rešitev Thorntona, a prav tako impresivno.

En Dawson, los socios necesitaban suministros para un viaje lejano.

V Dawsonu so partnerji potrebovali zaloge za oddaljeno potovanje.

Querían viajar hacia el Este, hacia tierras vírgenes y silvestres.

Želeli so potovati na vzhod, v nedotaknjena divja območja.

La escritura de Buck en el Eldorado Saloon hizo posible ese viaje.

Buckovo dejanje v salonu Eldorado je omogočilo to potovanje.

Todo empezó con hombres alardeando de sus perros mientras bebían.

Začelo se je z moškimi, ki so se med pijačo hvalili s svojimi psi.

La fama de Buck lo convirtió en blanco de desafíos y dudas.

Buckova slava ga je naredila tarčo izzivov in dvomov.

Thornton, orgulloso y tranquilo, se mantuvo firme en la defensa del nombre de Buck.

Thornton, ponosen in miren, je neomajno branil Buckovo ime.

Un hombre dijo que su perro podía levantar doscientos cincuenta kilos con facilidad.

Neki moški je rekel, da njegov pes z lahkoto vleče dvesto kilogramov.

Otro dijo seiscientos, y un tercero se jactó de setecientos.

Drug je rekel šeststo, tretji pa se je hvalil s sedemsto.

"¡Pfft!" dijo John Thornton, "Buck puede tirar de un trineo de mil libras".

„Pfft!" je rekel John Thornton, „Buck lahko vleče tisoč funtov težke sani."

Matthewson, un Rey de Bonanza, se inclinó hacia delante y lo desafió.

Matthewson, kralj Bonanze, se je nagnil naprej in ga izzval.

¿Crees que puede poner tanto peso en movimiento?

"Misliš, da lahko premakne toliko teže?"

"¿Y crees que puede tirar del peso cien yardas enteras?"

"In misliš, da lahko potegne utež celih sto metrov?"

Thornton respondió con frialdad: «Sí. Buck es lo suficientemente bueno como para hacerlo».

Thornton je hladnokrvno odgovoril: »Da. Buck je dovolj pes, da to stori.«

"Pondrá mil libras en movimiento y las arrastrará cien yardas".

"Spravil bo v gibanje tisoč funtov in ga potegnil sto jardov."

Matthewson sonrió lentamente y se aseguró de que todos los hombres escucharan sus palabras.

Matthewson se je počasi nasmehnil in poskrbel, da so vsi moški slišali njegove besede.

Tengo mil dólares que dicen que no puede. Ahí está.

"Imam tisoč dolarjev, ki pravijo, da ne more. Tukaj je."

Arrojó un saco de polvo de oro del tamaño de una salchicha sobre la barra.

Na šank je treščil vrečko zlatega prahu, veliko kot klobasa.

Nadie dijo una palabra. El silencio se hizo denso y tenso a su alrededor.

Nihče ni rekel niti besede. Tišina okoli njih je postajala vse težja in napetejša.

El engaño de Thornton —si es que lo hubo— había sido tomado en serio.

Thorntonov blef – če je sploh blef – je bil vzet resno.

Sintió que el calor le subía a la cara mientras la sangre le subía a las mejillas.

Čutil je vročino, ki mu je naraščala v obraz, ko mu je kri pritekla v lica.

En ese momento su lengua se había adelantado a su razón.

V tistem trenutku je njegov jezik prehitel razum.

Realmente no sabía si Buck podría mover mil libras.

Resnično ni vedel, če Buck lahko premakne tisoč funtov.

¡Media tonelada! Solo su tamaño le hacía sentir un gran peso en el corazón.

Pol tone! Že sama velikost mu je stisnilo srce.

Tenía fe en la fuerza de Buck y creía que era capaz.

Verjel je v Buckovo moč in mislil, da je sposoben.

Pero nunca se había enfrentado a un desafío así, no de esta manera.

Vendar se še nikoli ni soočil s tovrstnim izzivom, ne s takim.

Una docena de hombres lo observaban en silencio, esperando ver qué haría.

Ducat mož ga je tiho opazovalo in čakalo, kaj bo storil.

Él no tenía el dinero, ni tampoco Hans ni Pete.

Ni imel denarja – niti Hans niti Pete.

"Tengo un trineo afuera", dijo Matthewson fría y directamente.

„Zunaj imam sani," je hladno in neposredno rekel Matthewson.

"Está cargado con veinte sacos de cincuenta libras cada uno, todo de harina.

„Naloženo je z dvajsetimi vrečami, vsaka po petdeset funtov, vse moke."

Así que no dejen que un trineo perdido sea su excusa ahora", añadió.

"Zato naj vam manjkajoče sani zdaj ne bodo izgovor," je dodal.

Thornton permaneció en silencio. No sabía qué decir.

Thornton je molčal. Ni vedel, katere besede naj ponudi.

Miró a su alrededor los rostros sin verlos con claridad.

Ozrl se je po obrazih, ne da bi jih jasno videl.

Parecía un hombre congelado en sus pensamientos, intentando reiniciarse.

Videti je bil kot človek, zamrznjen v mislih, ki poskuša znova začeti.

Luego vio a Jim O'Brien, un amigo de la época de Mastodon.

Potem je zagledal Jima O'Briena, prijatelja iz časov Mastodonta.

Ese rostro familiar le dio un coraje que no sabía que tenía.

Ta znani obraz mu je vlil pogum, za katerega ni vedel, da ga ima.

Se giró y preguntó en voz baja: "¿Puedes prestarme mil?"

Obrnil se je in tiho vprašal: »Mi lahko posodiš tisoč?«

"Claro", dijo O'Brien, dejando caer un pesado saco junto al oro.

„Seveda," je rekel O'Brien in že spustil težko vrečo poleg zlata.

"Pero la verdad, John, no creo que la bestia pueda hacer esto".

"Ampak resnici na ljubo, John, ne verjamem, da zver to zmore."

Todos los que estaban en el Eldorado Saloon corrieron hacia afuera para ver el evento.

Vsi v salonu Eldorado so stekli ven, da bi si ogledali dogodek.

Abandonaron las mesas y las bebidas, e incluso los juegos se pausaron.

Zapustili so mize in pijačo, celo igre so bile začasno ustavljene.

Comerciantes y jugadores acudieron para presenciar el final de la audaz apuesta.

Krupjeji in igralci na srečo so prišli, da bi bili priča koncu drzne stave.

Cientos de personas se reunieron alrededor del trineo en la calle helada y abierta.

Na ledeni ulici se je okoli sani zbralo na stotine ljudi.

El trineo de Matthewson estaba cargado con un montón de sacos de harina.

Matthewsonove sani so stale polne vreč moke.

El trineo había permanecido parado durante horas a temperaturas bajo cero.

Sani so ure stale pri minus temperaturah.

Los patines del trineo estaban congelados y pegados a la nieve compacta.

Tekači sani so bili tesno primrznjeni v zbit sneg.

Los hombres ofrecieron dos a uno de que Buck no podría mover el trineo.

Moški so stavili dve proti ena, da Buck ne bo mogel premakniti sani.

Se desató una disputa sobre lo que realmente significaba
"break out".

Izbruhnil je spor o tem, kaj "izbruh" v resnici pomeni.

O'Brien dijo que Thornton debería aflojar la base congelada
del trineo.

O'Brien je rekel, da bi moral Thornton zrahljati zamrznjeno
podlago sani.

Buck pudo entonces "escapar" de un comienzo sólido e
inmóvil.

Buck se je nato lahko "izbil" iz trdnega, negibnega začetka.

Matthewson argumentó que el perro también debe liberar a
los corredores.

Matthewson je trdil, da mora pes tudi osvoboditi tekače.

Los hombres que habían escuchado la apuesta estuvieron de
acuerdo con la opinión de Matthewson.

Možje, ki so slišali stavo, so se strinjali z Matthewsonovim
stališčem.

Con esa decisión, las probabilidades aumentaron a tres a
uno en contra de Buck.

S to odločitvijo so se kvote proti Bucku povečale na tri proti
ena.

Nadie se animó a asumir las crecientes probabilidades de
tres a uno.

Nihče se ni odločil izkoristiti naraščajoče kvote tri proti ena.

Ningún hombre creyó que Buck pudiera realizar la gran
hazaña.

Nihče ni verjel, da bi Buck lahko izvedel ta veliki podvig.

Thornton se había apresurado a hacer la apuesta, cargado de
dudas.

Thorntona so v stavo prisilili, polnega dvomov.

Ahora miró el trineo y el equipo de diez perros que estaba a
su lado.

Zdaj je pogledal sani in desetpse vprego poleg njih.

Ver la realidad de la tarea la hizo parecer más imposible.

Ko sem videl realnost naloge, se je zdela še bolj nemogoča.

Matthewson estaba lleno de orgullo y confianza en ese
momento.

Matthewson je bil v tistem trenutku poln ponosa in
samozavesti.

—¡Tres a uno! —gritó—. ¡Apuesto mil más, Thornton!

„Tri proti ena!" je zavpil. „Stavim še tisoč, Thornton!"

"¿Qué dices?" añadió lo suficientemente alto para que todos
lo oyeran.

„Kaj praviš?" je dodal dovolj glasno, da so ga vsi slišali.

El rostro de Thornton mostraba sus dudas, pero su ánimo se
había elevado.

Thorntonov obraz je kazal dvome, a njegov duh se je dvignil.

Ese espíritu de lucha ignoraba las probabilidades y no temía
a nada en absoluto.

Ta borbeni duh je prezrl ovire in se ni bal ničesar.

Llamó a Hans y Pete para que trajeran todo su dinero a la
mesa.

Poklical je Hansa in Peta, da prineseta ves svoj denar na mizo.

Les quedaba poco: sólo doscientos dólares en total.

Ostalo jim je malo – skupaj le dvesto dolarjev.

Esta pequeña suma constituía su fortuna total en tiempos
difíciles.

Ta majhna vsota je bila njihovo celotno bogastvo v težkih
časih.

Aún así, apostaron toda su fortuna contra la apuesta de
Matthewson.

Vseeno so stavili vse premoženje proti Matthewsonovi stavi.

El equipo de diez perros fue desenganchado y se alejó del
trineo.

Vprega desetih psov je bila odvezana in se odmaknila od sani.

Buck fue colocado en las riendas, vistiendo su arnés
familiar.

Bucka so posadili na vajeti in ga oprli v svoj znani oprsnik.

Había captado la energía de la multitud y sentía la tensión.

Ujel je energijo množice in začutil napetost.

De alguna manera, sabía que tenía que hacer algo por John
Thornton.

Nekako je vedel, da mora nekaj storiti za Johna Thorntona.

La gente murmuraba con admiración ante la orgullosa figura del perro.

Ljudje so občudovali ponosno postavo psa in mrmrali z občudovanjem.

Era delgado y fuerte, sin un solo gramo de carne extra.

Bil je suh in močan, brez enega samega odvečnega koščka mesa.

Su peso total de ciento cincuenta libras era todo potencia y resistencia.

Njegova polna teža sto petdeset funtov je bila vsa moč in vzdržljivost.

El pelaje de Buck brillaba como la seda, espeso y saludable.

Buckov kožuh se je lesketal kot svila, poln zdravja in moči.

El pelaje a lo largo de su cuello y hombros pareció levantarse y erizarse.

Dlaka vzdolž njegovega vratu in ramen se je zdela dvignjena in naježena.

Su melena se movía levemente, cada cabello vivo con su gran energía.

Njegova griva se je rahlo premaknila, vsak las je bil živahen od njegove velike energije.

Su pecho ancho y sus piernas fuertes hacían juego con su cuerpo pesado y duro.

Njegova široka prsa in močne noge so se ujemale z njegovo težko, žilavo postavo.

Los músculos se ondulaban bajo su abrigo, tensos y firmes como hierro.

Mišice so se mu pod plaščem valovile, napete in čvrste kot okovano železo.

Los hombres lo tocaron y juraron que estaba construido como una máquina de acero.

Moški so se ga dotikali in prisegali, da je bil grajen kot jeklen stroj.

Las probabilidades bajaron levemente a dos a uno contra el gran perro.

Kvota se je nekoliko znižala na dva proti ena proti velikemu psu.

Un hombre de los bancos Skookum se adelantó, tartamudeando.

Moški s klopi Skookum se je jecljajoč prerival naprej.

—¡Bien, señor! ¡Ofrezco ochocientas libras por él, antes del examen, señor!

„Dobro, gospod! Ponujam osemsto zanj – pred preizkusom, gospod!"

"¡Ochocientos, tal como está ahora mismo!" insistió el hombre.

„Osemsto, kot je zdaj!" je vztrajal moški.

Thornton dio un paso adelante, sonrió y meneó la cabeza con calma.

Thornton je stopil naprej, se nasmehnil in mirno zmajal z glavo.

Matthewson intervino rápidamente con una voz de advertencia y el ceño fruncido.

Matthewson je hitro vstopil z opozorilnim glasom in se namrščil.

—Debes alejarte de él —dijo—. Dale espacio.

„Moraš se od njega umakniti," je rekel. „Daj mu prostor."

La multitud quedó en silencio; sólo los jugadores seguían ofreciendo dos a uno.

Množica je utihnila; le še igralci na srečo so ponujali stave dva proti ena.

Todos admiraban la complexión de Buck, pero la carga parecía demasiado grande.

Vsi so občudovali Buckovo postavo, toda tovor je bil videti prevelik.

Veinte sacos de harina, cada uno de cincuenta libras de peso, parecían demasiados.

Dvajset vreč moke – vsaka tehtala je petdeset funtov – se je zdelo preveč.

Nadie estaba dispuesto a abrir su bolsa y arriesgar su dinero.

Nihče ni bil pripravljen odpreti torbice in tvegati svojega denarja.

Thornton se arrodilló junto a Buck y tomó su cabeza con ambas manos.

Thornton je pokleknil poleg Bucka in mu z rokami prijel glavo.

Presionó su mejilla contra la de Buck y le habló al oído.

Pritisnil je lice k Buckovemu in mu govoril na uho.

Ya no había apretones juguetones ni susurros de insultos amorosos.

Zdaj ni bilo več igrivega stresanja ali šepetanja ljubečih žaljivk.

Él sólo murmuró suavemente: "Tanto como me amas, Buck".

Le tiho je zamrmral: »Čeprav me ljubiš, Buck.«

Buck dejó escapar un gemido silencioso, su entusiasmo apenas fue contenido.

Buck je tiho zacvilil, komaj zadrževal svojo vnemo.

Los espectadores observaron con curiosidad cómo la tensión llenaba el aire.

Opazovalci so z radovednostjo opazovali, kako je v zraku naraščala napetost.

El momento parecía casi irreal, como algo más allá de la razón.

Trenutek se je zdel skoraj neresničen, kot nekaj onkraj razuma.

Cuando Thornton se puso de pie, Buck tomó suavemente su mano entre sus mandíbulas.

Ko je Thornton vstal, ga je Buck nežno prijel za roko.

Presionó con los dientes y luego lo soltó lenta y suavemente.

Pritisnil je z zobmi, nato pa počasi in nežno spustil.

Fue una respuesta silenciosa de amor, no dicha, pero entendida.

Bil je tihi odgovor ljubezni, ne izrečen, ampak razumljen.

Thornton se alejó bastante del perro y dio la señal.

Thornton se je precej oddaljil od psa in dal znak.

—Ahora, Buck —dijo, y Buck respondió con calma y concentración.

„No, Buck," je rekel, Buck pa je odgovoril z osredotočenim mirom.

Buck apretó las correas y luego las aflojó unos centímetros.

Buck je zategnil sledi, nato pa jih je za nekaj centimetrov zrahljal.

Éste era el método que había aprendido; su manera de romper el trineo.

To je bila metoda, ki se je je naučil; njegov način, kako uničiti sani.

—¡Caramba! —gritó Thornton con voz aguda en el pesado silencio.

„Joj!" je zavpil Thornton z ostrim glasom v težki tišini.

Buck giró hacia la derecha y se lanzó con todo su peso.

Buck se je obrnil v desno in se z vso težo pognal naprej.

La holgura desapareció y la masa total de Buck golpeó las cuerdas apretadas.

Ohlapnost je izginila in Buckova vsa masa je zadela tesne proge.

El trineo tembló y los patines produjeron un crujido crujiente.

Sani so se tresle, tekači pa so izdali hrustljav pokajoč zvok.

—¡Ja! —ordenó Thornton, cambiando nuevamente la dirección de Buck.

„Hau!" je ukazal Thornton in spet spremenil Buckovo smer.

Buck repitió el movimiento, esta vez tirando bruscamente hacia la izquierda.

Buck je ponovil gib, tokrat ostro potegnil v levo.

El trineo crujió más fuerte y los patines crujieron y se movieron.

Sani so pokale glasneje, tekači so škripali in se premikali.

La pesada carga se deslizó ligeramente hacia un lado sobre la nieve congelada.

Težak tovor je rahlo drsel postrani po zmrznjenem snegu.

¡El trineo se había soltado del sendero helado!

Sani so se osvobodile iz primeža ledene poti!

Los hombres contenían la respiración, sin darse cuenta de que ni siquiera estaban respirando.

Moški so zadrževali dih, ne da bi se zavedali, da sploh ne dihajo.

—¡Ahora, TIRA! —gritó Thornton a través del silencio helado.

„Zdaj pa POVLECI!" je zavpil Thornton čez ledeno tišino.

La orden de Thornton sonó aguda, como el chasquido de un látigo.

Thorntonov ukaz je odmeval ostro, kot bič.

Buck se lanzó hacia adelante con una estocada feroz y estremecedora.

Buck se je z divjim in sunkovitim skokom pognal naprej.

Todo su cuerpo se tensó y se arrugó por la enorme tensión.

Celotno telo se mu je napelo in stisnilo pri močni obremenitvi.

Los músculos se ondulaban bajo su pelaje como serpientes que cobraban vida.

Mišice so se mu pod kožuhom valovile kot kače, ki oživljajo.

Su gran pecho estaba bajo y la cabeza estirada hacia delante, hacia el trineo.

Njegove široke prsi so bile nizke, glava pa iztegnjena naprej proti sanem.

Sus patas se movían como un rayo y sus garras cortaban el suelo helado.

Njegove šape so se premikale kot blisk, kremplji pa so rezali po zmrznjeni tleh.

Los surcos se abrieron profundos mientras luchaba por cada centímetro de tracción.

Utori so bili globoko zarezani, ko se je boril za vsak centimeter oprijema.

El trineo se balanceó, tembló y comenzó un movimiento lento e inquieto.

Sani so se zibale, tresle in začele počasi, nemirno gibati.

Un pie resbaló y un hombre entre la multitud gimió en voz alta.

Ena noga mu je zdrsnila in moški v množici je glasno zastokal.

Entonces el trineo se lanzó hacia adelante con un movimiento brusco y espasmódico.

Nato so se sani sunkovito, grobo pognale naprej.

No se detuvo de nuevo: media pulgada... una pulgada... dos pulgadas más.

Ni se spet ustavilo – pol palca ... centimeter ... dva palca več.

Los tirones se hicieron más pequeños a medida que el trineo empezó a ganar velocidad.

Sunki so postajali vse manjši, ko so sani začele pridobivati hitrost.

Pronto Buck estaba tirando con una potencia suave, uniforme y rodante.

Kmalu je Buck vlekel z gladko, enakomerno, kotalno močjo.

Los hombres jadearon y finalmente recordaron respirar de nuevo.

Moški so zavzdihnili in se končno spomnili, da morajo spet dihati.

No se habían dado cuenta de que su respiración se había detenido por el asombro.

Niso opazili, da jim je od strahospoštovanja zastal dih.

Thornton corrió detrás, gritando órdenes breves y alegres.

Thornton je tekel za njim in vzklikal kratke, vesele ukaze.

Más adelante había una pila de leña que marcaba la distancia.

Pred nami je bil kup drv, ki je označeval razdaljo.

A medida que Buck se acercaba a la pila, los vítores se hacían cada vez más fuertes.

Ko se je Buck bližal kupu, je vzklikanje postajalo vse glasnejše.

Los aplausos aumentaron hasta convertirse en un rugido cuando Buck pasó el punto final.

Navijanje se je stopnjevalo v rjovenje, ko je Buck prečkal končno točko.

Los hombres saltaron y gritaron, incluso Matthewson sonrió.

Moški so skakali in kričali, celo Matthewson se je nasmehnil.

Los sombreros volaron por el aire y los guantes fueron arrojados sin pensar ni rumbo.

Klobuki so leteli v zrak, palčniki so bili metani brez premisleka in cilja.

Los hombres se abrazaron y se dieron la mano sin saber a quién.

Moški so se prijeli in se rokovali, ne da bi vedeli, kdo.

Toda la multitud vibró en una celebración salvaje y alegre.

Vsa množica je brenčala v divjem, veselem praznovanju.

Thornton cayó de rodillas junto a Buck con manos temblorosas.

Thornton je s tresočimi rokami padel na kolena poleg Bucka.

Apretó su cabeza contra la de Buck y lo sacudió suavemente hacia adelante y hacia atrás.

Pritisnil je glavo k Buckovi in ga nežno stresal sem ter tja.

Los que se acercaron le oyeron maldecir al perro con silencioso amor.

Tisti, ki so se približali, so ga slišali, kako je s tiho ljubeznijo preklinjal psa.

Maldijo a Buck durante un largo rato, suavemente, cálidamente, con emoción.

Dolgo je preklinjal Bucka – tiho, toplo, ganjeno.

—¡Bien, señor! ¡Bien, señor! —gritó el rey del Banco Skookum a toda prisa.

„Dobro, gospod! Dobro, gospod!" je naglo zavpil kralj skookumske klopi.

—¡Le daré mil, no, mil doscientos, por ese perro, señor!

„Dal vam bom tisoč – ne, dvesto dvesto – za tega psa, gospod!"

Thornton se puso de pie lentamente, con los ojos brillantes de emoción.

Thornton se je počasi dvignil na noge, oči so mu žarele od čustev.

Las lágrimas corrían abiertamente por sus mejillas sin ninguna vergüenza.

Solze so mu odkrito tekle po licih brez kakršnega koli sramu.

"Señor", le dijo al rey del Banco Skookum, firme y firme.

„Gospod," je rekel kralju klopi Skookum, mirno in odločno

—No, señor. Puede irse al infierno, señor. Esa es mi última respuesta.

"Ne, gospod. Lahko greste k vragu, gospod. To je moj končni odgovor."

Buck agarró suavemente la mano de Thornton con sus fuertes mandíbulas.

Buck je nežno zgrabil Thorntonovo roko s svojimi močnimi čeljustmi.

Thornton lo sacudió juguetonamente; su vínculo era más profundo que nunca.

Thornton ga je igrivo stresel, njuna vez je bila globoka kot vedno.

La multitud, conmovida por el momento, retrocedió en silencio.

Množica, ganjena nad trenutkom, se je v tišini umaknila.

Desde entonces nadie se atrevió a interrumpir tan sagrado afecto.

Od takrat naprej si nihče ni upal prekiniti te svete naklonjenosti.

El sonido de la llamada
Zvok klica

Buck había ganado mil seiscientos dólares en cinco minutos.
Buck je v petih minutah zaslužil tisoč tisoč dolarjev.
El dinero permitió a John Thornton pagar algunas de sus deudas.
Denar je Johnu Thorntonu omogočil, da je odplačal nekaj svojih dolgov.
Con el resto del dinero se dirigió al Este con sus socios.
Z ostalim denarjem se je s partnerji odpravil na vzhod.
Buscaban una legendaria mina perdida, tan antigua como el país mismo.
Iskali so legendarni izgubljeni rudnik, star kot sama država.
Muchos hombres habían buscado la mina, pero pocos la habían encontrado.
Mnogi moški so iskali rudnik, a le redki so ga kdaj našli.
Más de unos pocos hombres habían desaparecido durante la peligrosa búsqueda.
Med nevarnim iskanjem je izginilo več kot nekaj mož.
Esta mina perdida estaba envuelta en misterio y vieja tragedia.
Ta izgubljeni rudnik je bil zavit v skrivnost in staro tragedijo.
Nadie sabía quién había sido el primer hombre que encontró la mina.
Nihče ni vedel, kdo je bil prvi, ki je odkril rudnik.
Las historias más antiguas no mencionan a nadie por su nombre.
Najstarejše zgodbe ne omenjajo nikogar po imenu.
Siempre había habido allí una antigua y destartalada cabaña.
Tam je vedno stala stara, razpadajoča koča.
Los hombres moribundos habían jurado que había una mina al lado de aquella vieja cabaña.
Umirajoči moški so prisegli, da je poleg tiste stare koče rudnik.
Probaron sus historias con oro como ningún otro en ningún otro lugar.

Svoje zgodbe so dokazali z zlatom, kakršnega ni mogoče najti nikjer drugje.

Ningún alma viviente había jamás saqueado el tesoro de aquel lugar.

Še nikoli ni živa duša izplenila zaklada s tistega kraja.

Los muertos estaban muertos, y los muertos no cuentan historias.

Mrtvi so bili mrtvi, mrtveci pa ne pripovedujejo zgodb.

Entonces Thornton y sus amigos se dirigieron al Este.

Tako so se Thornton in njegovi prijatelji odpravili na Vzhod.

Pete y Hans se unieron, trayendo a Buck y seis perros fuertes.

Pete in Hans sta se pridružila in pripeljala Bucka ter šest močnih psov.

Se embarcaron en un camino desconocido donde otros habían fracasado.

Odpravili so se po neznani poti, kjer so drugi spodleteli.

Se deslizaron en trineo setenta millas por el congelado río Yukón.

S sankami so se peljali sedemdeset milj po zamrznjeni reki Yukon navzgor.

Giraron a la izquierda y siguieron el sendero hacia Stewart.

Zavili so levo in sledili poti v reko Stewart.

Pasaron Mayo y McQuestion y siguieron adelante.

Peljali so se mimo Mayoja in McQuestiona ter nadaljevali pot.

El río Stewart se encogió y se convirtió en un arroyo, atravesando picos irregulares.

Stewart se je skrčil v potok, ki se je vijugal čez nazobčane vrhove.

Estos picos afilados marcaban la columna vertebral del continente.

Ti ostri vrhovi so označevali hrbtenico celine.

John Thornton exigía poco a los hombres y a la tierra salvaje.

John Thornton je od ljudi ali divjine zahteval malo.

No temía a nada de la naturaleza y se enfrentaba a lo salvaje con facilidad.

V naravi se ni bal ničesar in se je z divjino soočal z lahkoto.

Con sólo sal y un rifle, podría viajar a donde quisiera.
Samo s soljo in puško je lahko potoval, kamor je želel.
Al igual que los nativos, cazaba alimentos mientras viajaba.
Tako kot domorodci je med potovanjem lovil hrano.
Si no pescaba nada, seguía adelante, confiando en que la suerte le acompañaría.
Če ni ničesar ujel, je nadaljeval pot in zaupal v srečo.
En este largo viaje, la carne era lo principal que comían.
Na tej dolgi poti je bilo meso glavna stvar, ki so jo jedli.
El trineo contenía herramientas y municiones, pero no un horario estricto.
Sani so imele orodje in strelivo, vendar ni bilo strogega urnika.
A Buck le encantaba este vagabundeo, la caza y la pesca interminables.
Buck je oboževal to potepanje; neskončen lov in ribolov.
Durante semanas estuvieron viajando día tras día.
Tedne za tednom so potovali, dan za dnem.
Otras veces montaban campamentos y permanecían allí durante semanas.
Drugič so si postavili tabore in ostali pri miru več tednov.
Los perros descansaron mientras los hombres cavaban en la tierra congelada.
Psi so počivali, medtem ko so moški kopali po zmrznjeni zemlji.
Calentaron sartenes sobre el fuego y buscaron oro escondido.
Greli so ponve na ognju in iskali skrito zlato.
Algunos días pasaban hambre y otros días tenían fiestas.
Nekatere dni so stradali, druge dni pa so imeli pojedine.
Sus comidas dependían de la presa y de la suerte de la caza.
Njihovi obroki so bili odvisni od divjadi in sreče pri lovu.
Cuando llegaba el verano, los hombres y los perros cargaban cargas sobre sus espaldas.
Ko je prišlo poletje, so moški in psi naložili tovor na hrbte.
Navegaron por lagos azules escondidos en bosques de montaña.
Splavali so po modrih jezerih, skritih v gorskih gozdovih.

Navegaban en delgadas embarcaciones por ríos que ningún hombre había cartografiado jamás.

Pluli so z ozkimi čolni po rekah, ki jih še nihče ni preslikal.

Esos barcos se construyeron a partir de árboles que cortaban en la naturaleza.

Te čolne so zgradili iz dreves, ki so jih žagali v divjini.

Los meses pasaron y ellos serpentearon por tierras salvajes y desconocidas.

Meseci so minevali in vijugali so se skozi divje neznane dežele.

No había hombres allí, aunque había rastros antiguos que indicaban que había habido hombres.

Tam ni bilo moških, vendar so stare sledi namigovale, da so moški bili.

Si la Cabaña Perdida fue real, entonces otras personas habían pasado por allí alguna vez.

Če je Izgubljena koča resnična, so nekoč tukaj prišli tudi drugi.

Cruzaron pasos altos en medio de tormentas de nieve, incluso en verano.

Visoke prelaze so prečkali v snežnih metežih, celo poleti.

Temblaban bajo el sol de medianoche en las laderas desnudas de las montañas.

Tresli so se pod polnočnim soncem na golih gorskih pobočjih.

Entre la línea de árboles y los campos de nieve, subieron lentamente.

Med gozdno mejo in snežnimi polji so se počasi vzpenjali.

En los valles cálidos, aplastaban nubes de mosquitos y moscas.

V toplih dolinah so odganjali oblake komarjev in muh.

Recogieron bayas dulces cerca de los glaciares en plena floración del verano.

V bližini ledenikov, ki so bili v polnem poletnem razcvetu, so nabirali sladke jagode.

Las flores que encontraron eran tan hermosas como las de las Tierras del Sur.

Rože, ki so jih našli, so bile tako lepe kot tiste v Južni deželi.

Ese otoño llegaron a una región solitaria llena de lagos silenciosos.

Tisto jesen so dosegli samotno območje, polno tihih jezer.

La tierra estaba triste y vacía, una vez llena de pájaros y bestias.

Dežela je bila žalostna in prazna, nekoč polna ptic in zveri.

Ahora no había vida, sólo el viento y el hielo formándose en charcos.

Zdaj ni bilo življenja, le veter in led, ki se je tvoril v tolmunih.

Las olas golpeaban las orillas vacías con un sonido suave y triste.

Valovi so z mehkim, žalostnim zvokom pljuskali ob prazne obale.

Llegó otro invierno y volvieron a seguir los viejos y tenues senderos.

Prišla je še ena zima in spet so sledili šibkim, starim potem.

Éstos eran los rastros de hombres que habían buscado mucho antes que ellos.

To so bile poti mož, ki so iskali že dolgo pred njimi.

Un día encontraron un camino que se adentraba profundamente en el bosque oscuro.

Nekoč so našli pot, ki je vrezana globoko v temen gozd.

Era un sendero antiguo y sintieron que la cabaña perdida estaba cerca.

Bila je stara pot in menili so, da je izgubljena koča blizu.

Pero el sendero no conducía a ninguna parte y se perdía en el espeso bosque.

Toda pot ni vodila nikamor in se je izgubljala v gostem gozdu.

Nadie sabe quién hizo el sendero ni por qué lo hizo.

Kdorkoli je naredil pot in zakaj jo je naredil, nihče ni vedel.

Más tarde encontraron los restos de una cabaña escondidos entre los árboles.

Kasneje so med drevesi našli razbitine koče.

Mantas podridas yacían esparcidas donde alguna vez alguien había dormido.

Gnijoče odeje so ležale raztresene tam, kjer je nekoč nekdo spal.

John Thornton encontró una pistola de chispa de cañón largo enterrada en el interior.

John Thornton je v notranjosti našel zakopano dolgocevno kremenčno puško.

Sabía que se trataba de un cañón de la Bahía de Hudson desde los primeros días de su comercialización.

Vedel je, da je to top iz Hudsonovega zaliva, še iz zgodnjih trgovskih dni.

En aquella época, estas armas se intercambiaban por montones de pieles de castor.

V tistih časih so takšne puške menjali za kupe bobrovih kož.

Eso fue todo: no quedó ninguna pista del hombre que construyó el albergue.

To je bilo vse – o človeku, ki je zgradil kočo, ni ostalo nobenega namiga.

Llegó nuevamente la primavera y no encontraron ninguna señal de la Cabaña Perdida.

Pomlad je spet prišla in Izgubljene koče niso našli nobenega sledu.

En lugar de eso encontraron un valle amplio con un arroyo poco profundo.

Namesto tega so našli široko dolino s plitvim potokom.

El oro se extendía sobre el fondo de las sartenes como mantequilla suave y amarilla.

Zlato je ležalo na dnu ponve kot gladko, rumeno maslo.

Se detuvieron allí y no buscaron más la cabaña.

Tam so se ustavili in niso več iskali koče.

Cada día trabajaban y encontraban miles en polvo de oro.

Vsak dan so delali in v zlatem prahu našli na tisoče.

Empaquetaron el oro en bolsas de piel de alce, de cincuenta libras cada una.

Zlato so pakirali v vreče iz losove kože, vsako po petdeset funtov.

Las bolsas estaban apiladas como leña afuera de su pequeña cabaña.

Vreče so bile zložene kot drva pred njihovo majhno kočo.

Trabajaron como gigantes y los días pasaban como sueños rápidos.

Delali so kot velikani in dnevi so minevali kot hitre sanje.

Acumularon tesoros a medida que los días interminables transcurrían rápidamente.

Kopičili so zaklad, medtem ko so neskončni dnevi hitro minevali.

Los perros no tenían mucho que hacer excepto transportar carne de vez en cuando.

Psi niso imeli kaj dosti početi, razen da so občasno nosili meso.

Thornton cazó y mató el animal, y Buck se quedó tendido junto al fuego.

Thornton je lovil in ubijal divjad, Buck pa je ležal ob ognju.

Pasó largas horas en silencio, perdido en sus pensamientos y recuerdos.

Dolge ure je preživel v tišini, izgubljen v mislih in spominih.

La imagen del hombre peludo venía cada vez más a la mente de Buck.

Podoba kosmatega moža se je Bucku vedno pogosteje porajala v mislih.

Ahora que el trabajo escaseaba, Buck soñaba mientras parpadeaba ante el fuego.

Zdaj, ko je bilo dela malo, je Buck sanjaril, medtem ko je mežikal proti ognju.

En esos sueños, Buck vagaba con el hombre en otro mundo.

V teh sanjah je Buck taval z moškim v drugem svetu.

El miedo parecía el sentimiento más fuerte en ese mundo distante.

Strah se je zdel najmočnejši občutek v tistem oddaljenem svetu.

Buck vio al hombre peludo dormir con la cabeza gacha.

Buck je videl kosmatega moža, kako spi z nizko sklonjeno glavo.

Tenía las manos entrelazadas y su sueño era inquieto y entrecortado.

Roke je imel stisnjene, spanec pa nemiren in prekinjen.

Solía despertarse sobresaltado y mirar con miedo hacia la oscuridad.

Zbudil se je z grozo in prestrašeno strmel v temo.

Luego echaba más leña al fuego para mantener la llama brillante.

Nato je na ogenj naložil še več drv, da je plamen ostal močan.

A veces caminaban por una playa junto a un mar gris e interminable.

Včasih so se sprehajali po plaži ob sivem, neskončnem morju.

El hombre peludo recogía mariscos y los comía mientras caminaba.

Kosmati mož je med hojo nabiral školjke in jih jedel.

Sus ojos buscaban siempre peligros ocultos en las sombras.

Njegove oči so vedno iskale skrite nevarnosti v sencah.

Sus piernas siempre estaban listas para correr ante la primera señal de amenaza.

Njegove noge so bile vedno pripravljene na šprint ob prvem znaku grožnje.

Se arrastraron por el bosque, silenciosos y cautelosos, uno al lado del otro.

Prikradla sta se skozi gozd, tiha in previdna, drug ob drugem.

Buck lo siguió de cerca y ambos se mantuvieron alerta.

Buck mu je sledil za petami in oba sta ostala pozorna.

Sus orejas se movían y temblaban, sus narices olfateaban el aire.

Ušesa so se jim trzala in premikala, nosovi so vohali zrak.

El hombre podía oír y oler el bosque tan agudamente como Buck.

Moški je slišal in vohal gozd prav tako ostro kot Buck.

El hombre peludo se balanceó entre los árboles con una velocidad repentina.

Kosmati moški se je z nenadno hitrostjo zanihal med drevesi.

Saltaba de rama en rama sin perder nunca su agarre.

Skakal je z veje na vejo in se nikoli ne zmotil.

Se movió tan rápido sobre el suelo como sobre él.

Premikal se je tako hitro nad tlemi kot po njih.

Buck recordó las largas noches bajo los árboles, haciendo guardia.

Buck se je spominjal dolgih noči pod drevesi, ko je bil na straži.

El hombre dormía recostado en las ramas, aferrado fuertemente.

Moški je spal skrit med vejami in se jih tesno oklepal.

Esta visión del hombre peludo estaba estrechamente ligada al llamado profundo.

Ta vizija kosmatega moškega je bila tesno povezana z globokim klicem.

El llamado aún resonaba en el bosque con una fuerza inquietante.

Klic je še vedno odmeval skozi gozd z grozljivo močjo.

La llamada llenó a Buck de anhelo y una inquieta sensación de alegría.

Klic je Bucka napolnil s hrepenenjem in nemirnim občutkom veselja.

Sintió impulsos y agitaciones extrañas que no podía nombrar.

Čutil je čudne vzgibe in vzgibe, ki jih ni mogel poimenovati.

A veces seguía la llamada hasta lo profundo del tranquilo bosque.

Včasih je sledil klicu globoko v tihi gozd.

Buscó el llamado, ladrando suave o agudamente mientras caminaba.

Iskal je klic, med potjo tiho ali ostro lajal.

Olfateó el musgo y la tierra negra donde crecían las hierbas.

Povohal je mah in črno zemljo, kjer so rasle trave.

Resopló de alegría ante los ricos olores de la tierra profunda.

Od veselja je smrkal ob bogatih vonjavah globoke zemlje.

Se agazapó durante horas detrás de troncos cubiertos de hongos.

Ure in ure se je skrival za debli, prekritimi z glivicami.

Se quedó quieto, escuchando con los ojos muy abiertos cada pequeño sonido.

Ostal je pri miru in z odprtimi očmi prisluhnil vsakemu, še tako majhnemu zvoku.

Quizás esperaba sorprender al objeto que le había hecho el llamado.

Morda je upal, da bo presenetil tisto stvar, ki je poklicala.

Él no sabía por qué actuaba así: simplemente lo hacía.

Ni vedel, zakaj je tako ravnal – preprosto je vedel.

Los impulsos venían desde lo más profundo, más allá del pensamiento o la razón.

Vzgibi so prihajali globoko v sebi, onkraj misli ali razuma.

Impulsos irresistibles se apoderaron de Buck sin previo aviso ni razón.

Bucka so brez opozorila ali razloga prevzeli neustavljivi nagoni.

A veces dormitaba perezosamente en el campamento bajo el calor del mediodía.

Včasih je lenobno dremal v taboru pod opoldansko vročino.

De repente, su cabeza se levantó y sus orejas se levantaron en alerta.

Nenadoma je dvignil glavo in ušesa so mu bila napeta.

Entonces se levantó de un salto y se lanzó hacia lo salvaje sin detenerse.

Nato je skočil pokonci in brez prestanka stekel v divjino.

Corrió durante horas por senderos forestales y espacios abiertos.

Ure in ure je tekel po gozdnih poteh in odprtih prostorih.

Le encantaba seguir los lechos de los arroyos secos y espiar a los pájaros en los árboles.

Rad je sledil suhim strugam potokov in vohunil za pticami na drevesih.

Podría permanecer escondido todo el día, mirando a las perdices pavonearse.

Lahko bi ves dan ležal skrit in opazoval jerebice, ki so se sprehajale naokoli.

Ellos tamborilearon y marcharon, sin percatarse de la presencia todavía de Buck.
Bobnali so in korakali, ne da bi se zavedali Buckove prisotnosti.
Pero lo que más le gustaba era correr al atardecer en verano.
Najbolj pa je imel rad tek v mraku poleti.
La tenue luz y los sonidos soñolientos del bosque lo llenaron de alegría.
Pridušena svetloba in zaspani gozdni zvoki so ga napolnili z veseljem.
Leyó las señales del bosque tan claramente como un hombre lee un libro.
Gozdne znake je bral tako jasno, kot človek bere knjigo.
Y siempre buscaba aquella cosa extraña que lo llamaba.
In vedno je iskal tisto čudno stvar, ki ga je klicala.
Ese llamado nunca se detuvo: lo alcanzaba despierto o dormido.
Ta klic ni nikoli prenehal – dosegel ga je buden ali speč.

Una noche, se despertó sobresaltado, con los ojos alerta y las orejas alerta.
Neke noči se je zbudil z ostrim pogledom in napetimi ušesi.
Sus fosas nasales se crisparon mientras su melena se erizaba en ondas.
Nozdrve so se mu trzale, ko se mu je griva naježila v valovih.
Desde lo profundo del bosque volvió a oírse el sonido, el viejo llamado.
Iz globin gozda se je spet zaslišal zvok, stari klic.
Esta vez el sonido sonó claro, un aullido largo, inquietante y familiar.
Tokrat je zvok odmeval jasno, dolgo, pretresljivo, znano zavijanje.
Era como el grito de un husky, pero extraño y salvaje en tono.
Bilo je kot krik haskija, vendar nenavadnega in divjega tona.
Buck reconoció el sonido al instante: había oído exactamente el mismo sonido hacía mucho tiempo.

Buck je zvok takoj prepoznal – natanko tak zvok je slišal že zdavnaj.

Saltó a través del campamento y desapareció rápidamente en el bosque.

Skočil je skozi tabor in hitro izginil v gozdu.

A medida que se acercaba al sonido, disminuyó la velocidad y se movió con cuidado.

Ko se je bližal zvoku, je upočasnil in se premikal previdno.

Pronto llegó a un claro entre espesos pinos.

Kmalu je prišel do jase med gostimi borovci.

Allí, erguido sobre sus cuartos traseros, estaba sentado un lobo de bosque alto y delgado.

Tam, pokonci na zadnjici, je sedel visok, suh gozdni volk.

La nariz del lobo apuntaba hacia el cielo, todavía haciendo eco del llamado.

Volkov nos je bil usmerjen proti nebu in še vedno je odmeval klic.

Buck no había emitido ningún sonido, pero el lobo se detuvo y escuchó.

Buck ni izdal niti glasu, vendar se je volk ustavil in prisluhnil.

Sintiendo algo, el lobo se tensó y buscó en la oscuridad.

Volk je nekaj začutil, se je napel in preiskal temo.

Buck apareció sigilosamente, con el cuerpo agachado y los pies quietos sobre el suelo.

Buck se je priplazil na vidiku, s telesom navzdol, z nogami mirno na tleh.

Su cola estaba recta y su cuerpo enroscado por la tensión.

Njegov rep je bil raven, telo pa tesno zvito od napetosti.

Mostró al mismo tiempo una amenaza y una especie de amistad ruda.

Pokazal je tako grožnjo kot nekakšno grobo prijateljstvo.

Fue el saludo cauteloso que compartían las bestias salvajes.

To je bil previden pozdrav, ki si ga delijo divje zveri.

Pero el lobo se dio la vuelta y huyó tan pronto como vio a Buck.

Toda volk se je obrnil in zbežal takoj, ko je zagledal Bucka.

Buck lo persiguió, saltando salvajemente, ansioso por alcanzarlo.

Buck se je pognal v lov, divje skakal in ga želel prehiteti.

Siguió al lobo hasta un arroyo seco bloqueado por un atasco de madera.

Sledil je volku v suh potok, ki ga je zamašila lesena zastoja.

Acorralado, el lobo giró y se mantuvo firme.

Volk, stisnjen v kot, se je obrnil in obstal.

El lobo gruñó y mordió a su presa como un perro husky atrapado en una pelea.

Volk je renčal in škripal kot ujeti haski v boju.

Los dientes del lobo chasquearon rápidamente y su cuerpo se erizó de furia salvaje.

Volkovi zobje so hitro skočili, njegovo telo pa je ščetinasto jezno.

Buck no atacó, sino que rodeó al lobo con cautelosa amabilidad.

Buck ni napadel, ampak je volka previdno in prijazno obkrožil.

Intentó bloquear su escape con movimientos lentos e inofensivos.

S počasnimi, neškodljivimi gibi je poskušal preprečiti pobeg.

El lobo estaba cauteloso y asustado: Buck pesaba tres veces más que él.

Volk je bil previden in prestrašen – Buck ga je trikrat pretehtal.

La cabeza del lobo apenas llegaba hasta el enorme hombro de Buck.

Volčja glava je komaj segala do Buckove mogočne rame.

Al acecho de un hueco, el lobo salió disparado y la persecución comenzó de nuevo.

Volk je iskal vrzel, pobegnil in zasledovanje se je znova začelo.

Varias veces Buck lo acorraló y el baile se repitió.

Buck ga je večkrat stisnil v kot in ples se je ponovil.

El lobo estaba delgado y débil, de lo contrario Buck no podría haberlo atrapado.

Volk je bil suh in šibek, sicer ga Buck ne bi mogel ujeti.

Cada vez que Buck se acercaba, el lobo giraba y lo enfrentaba con miedo.

Vsakič, ko se je Buck približal, se je volk obrnil in se mu v strahu postavil v oči.

Luego, a la primera oportunidad, se lanzó de nuevo al bosque.

Nato je ob prvi priložnosti spet stekel v gozd.

Pero Buck no se dio por vencido y finalmente el lobo comenzó a confiar en él.

Toda Buck se ni vdal in volk mu je končno začel zaupati.

Olió la nariz de Buck y los dos se pusieron juguetones y alertas.

Povohal je Buckov nos in oba sta postala igriva in pozorna.

Jugaban como animales salvajes, feroces pero tímidos en su alegría.

Igrali so se kot divje živali, divji, a hkrati sramežljivi v svojem veselju.

Después de un rato, el lobo se alejó trotando con calma y propósito.

Čez nekaj časa je volk mirno in odločno odkorakal stran.

Le demostró claramente a Buck que tenía la intención de que lo siguieran.

Bucku je jasno pokazal, da mu namerava slediti.

Corrieron uno al lado del otro a través de la penumbra del crepúsculo.

Tekla sta drug ob drugem skozi mrak.

Siguieron el lecho del arroyo hasta el desfiladero rocoso.

Sledili so strugi potoka navzgor v skalnato sotesko.

Cruzaron una divisoria fría donde había comenzado el arroyo.

Prečkala sta hladno pregrado, kjer se je potok začel.

En la ladera más alejada encontraron un extenso bosque y numerosos arroyos.

Na skrajnem pobočju so našli širok gozd in veliko potokov.

Por esta vasta tierra corrieron durante horas sin parar.

Skozi to prostrano deželo so ure in ure tekli brez postanka.

El sol salió más alto, el aire se calentó, pero ellos siguieron corriendo.

Sonce se je dvignilo višje, zrak se je ogrel, a so tekli naprej.

Buck estaba lleno de alegría: sabía que estaba respondiendo a su llamado.

Bucka je preplavilo veselje – vedel je, da odgovarja na svoj klic.

Corrió junto a su hermano del bosque, más cerca de la fuente del llamado.

Tekel je poleg svojega gozdnega brata, bližje viru klica.

Los viejos sentimientos regresaron, poderosos y difíciles de ignorar.

Stari občutki so se vrnili, močni in težko jih je bilo prezreti.

Éstas eran las verdades detrás de los recuerdos de sus sueños.

To so bile resnice, ki so se skrivale za spomini iz njegovih sanj.

Todo esto ya lo había hecho antes, en un mundo distante y sombrío.

Vse to je že počel v oddaljenem in senčnem svetu.

Ahora lo hizo de nuevo, corriendo salvajemente con el cielo abierto encima.

Zdaj je to storil spet, divje je tekel pod odprtim nebom nad seboj.

Se detuvieron en un arroyo para beber del agua fría que fluía.

Ustavili so se ob potoku, da bi se napili hladne tekoče vode.

Mientras bebía, Buck de repente recordó a John Thornton.

Medtem ko je pil, se je Buck nenadoma spomnil Johna Thorntona.

Se sentó en silencio, desgarrado por la atracción de la lealtad y el llamado.

Tiho je sedel, razdiran od privlačnosti zvestobe in poklica.

El lobo siguió trotando, pero regresó para impulsar a Buck a seguir adelante.

Volk je tekel naprej, a se je vrnil, da bi spodbudil Bucka naprej.

Le olisqueó la nariz y trató de convencerlo con gestos suaves.

Povohal je nos in ga poskušal prepričati z nežnimi kretnjami.

Pero Buck se dio la vuelta y comenzó a regresar por donde había venido.

Toda Buck se je obrnil in se odpravil nazaj po isti poti, kot je prišel.

El lobo corrió a su lado durante un largo rato, gimiendo silenciosamente.

Volk je dolgo tekel ob njem in tiho cvilil.

Luego se sentó, levantó la nariz y dejó escapar un largo aullido.

Nato se je usedel, dvignil nos in dolgo zavpil.

Fue un grito triste, que se suavizó cuando Buck se alejó.

Bil je žalosten krik, ki se je omehčal, ko je Buck odhajal.

Buck escuchó mientras el sonido del grito se desvanecía lentamente en el silencio del bosque.

Buck je poslušal, kako je zvok krika počasi izginjal v gozdni tišini.

John Thornton estaba cenando cuando Buck irrumpió en el campamento.

John Thornton je večerjal, ko je Buck vdrl v tabor.

Buck saltó sobre él salvajemente, lamiéndolo, mordiéndolo y haciéndolo caer.

Buck je divje skočil nanj, ga lizajoč, grizejoč in prevračajoč.

Lo derribó, se subió encima y le besó la cara.

Zvrnil ga je, splezal nanj in ga poljubil na obraz.

Thornton lo llamó con cariño "hacer el tonto en general".

Thornton je to z naklonjenostjo poimenoval »igranje splošnega norca«.

Mientras tanto, maldijo a Buck suavemente y lo sacudió de un lado a otro.

Ves čas je nežno preklinjal Bucka in ga stresal sem ter tja.

Durante dos días y dos noches enteras, Buck no abandonó el campamento ni una sola vez.

Dva cela dneva in noči Buck ni niti enkrat zapustil tabora.

Se mantuvo cerca de Thornton y nunca lo perdió de vista.

Ostal je blizu Thorntona in ga ni nikoli spustil izpred oči.

Lo siguió mientras trabajaba y lo observó mientras comía.

Sledil mu je med delom in ga opazoval med jedjo.

Acompañaba a Thornton con sus mantas por la noche y lo salía cada mañana.

Thorntona je ponoči spremljal v odejah in vsako jutro zunaj.

Pero pronto el llamado del bosque regresó, más fuerte que nunca.

Toda kmalu se je gozdni klic vrnil, glasnejši kot kdaj koli prej.

Buck volvió a inquietarse, agitado por los pensamientos del lobo salvaje.

Buck je spet postal nemiren, prebuden od misli na divjega volka.

Recordó el terreno abierto y correr uno al lado del otro.

Spomnil se je odprte pokrajine in teka drug ob drugem.

Comenzó a vagar por el bosque una vez más, solo y alerta.

Spet se je začel sprehajati po gozdu, sam in buden.

Pero el hermano salvaje no regresó y el aullido no se escuchó.

Toda divji brat se ni vrnil in zavijanja ni bilo slišati.

Buck comenzó a dormir a la intemperie, manteniéndose alejado durante días.

Buck je začel spati zunaj in se je več dni izogibal.

Una vez cruzó la alta divisoria donde había comenzado el arroyo.

Nekoč je prečkal visok razvod, kjer se je začel potok.

Entró en la tierra de la madera oscura y de los arroyos anchos y fluidos.

Vstopil je v deželo temnega gozda in široko tekočih potokov.

Durante una semana vagó en busca de señales del hermano salvaje.

Teden dni je taval in iskal znake divjega brata.

Mataba su propia carne y viajaba con pasos largos e incansables.

Ubil je svoje meso in potoval z dolgimi, neutrudnimi koraki.

Pescaba salmón en un ancho río que llegaba al mar.

Lososa je lovil v široki reki, ki je segala v morje.

Allí luchó y mató a un oso negro enloquecido por los insectos.

Tam se je boril in ubil črnega medveda, ki ga je razjezila žuželka.

El oso estaba pescando y corrió ciegamente entre los árboles.

Medved je lovil ribe in je slepo tekel med drevesi.

La batalla fue feroz y despertó el profundo espíritu de lucha de Buck.

Bitka je bila huda in je prebudila Buckov globok borbeni duh.

Dos días después, Buck regresó y encontró glotones en su presa.

Dva dni kasneje se je Buck vrnil in pri svojem plenu našel volkodlake.

Una docena de ellos se pelearon con furia y ruidosidad por la carne.

Ducat se jih je v glasni besu prepiralo zaradi mesa.

Buck cargó y los dispersó como hojas en el viento.

Buck je planil in jih raztresel kot listje v vetru.

Dos lobos permanecieron atrás, silenciosos, sin vida e inmóviles para siempre.

Dva volka sta ostala zadaj – tiha, brez življenja in za vedno negibna.

La sed de sangre se hizo más fuerte que nunca.

Žeja po krvi je bila močnejša kot kdaj koli prej.

Buck era un cazador, un asesino, que se alimentaba de criaturas vivas.

Buck je bil lovec, morilec, ki se je hranil z živimi bitji.

Sobrevivió solo, confiando en su fuerza y sus sentidos agudos.

Preživel je sam, zanašal se je na svojo moč in ostre čute.

Prosperó en la naturaleza, donde sólo los más resistentes podían vivir.

Uspeval je v divjini, kjer so lahko živeli le najtrdoživejši.

A partir de esto, un gran orgullo surgió y llenó todo el ser de Buck.

Iz tega se je dvignil velik ponos in napolnil celotno Buckovo bitje.

Su orgullo se reflejaba en cada uno de sus pasos, en el movimiento de cada músculo.

Njegov ponos se je kazal v vsakem koraku, v valovanju vsake mišice.

Su orgullo era tan claro como sus palabras, y se reflejaba en su manera de comportarse.

Njegov ponos je bil jasen kot beseda, kar se je videlo v tem, kako se je obnašal.

Incluso su grueso pelaje parecía más majestuoso y brillaba más.

Celo njegov debel kožuh je bil videti bolj veličasten in se je svetleje lesketal.

Buck podría haber sido confundido con un lobo gigante.

Bucka bi lahko zamenjali za velikanskega gozdnega volka.

A excepción del color marrón en el hocico y las manchas sobre los ojos.

Razen rjave barve na gobcu in lis nad očmi.

Y la raya blanca de pelo que corría por el centro de su pecho.

In bela dlaka, ki se je raztezala po sredini njegovih prsi.

Era incluso más grande que el lobo más grande de esa feroz raza.

Bil je celo večji od največjega volka te divje pasme.

Su padre, un San Bernardo, le dio tamaño y complexión robusta.

Njegov oče, bernard, mu je dal velikost in težko postavo.

Su madre, una pastora, moldeó esa masa hasta darle forma de lobo.

Njegova mati, pastirica, je to maso oblikovala v volčjo obliko.

Tenía el hocico largo de un lobo, aunque más pesado y ancho.

Imel je dolg volčji gobec, čeprav težji in širši.

Su cabeza era la de un lobo, pero construida en una escala enorme y majestuosa.

Njegova glava je bila volčja, vendar masivna, veličastna.

La astucia de Buck era la astucia del lobo y de la naturaleza.

Buckova zvitost je bila zvitost volka in divjine.

Su inteligencia provenía tanto del pastor alemán como del san bernardo.

Njegova inteligenca je izvirala tako od nemškega ovčarja kot od bernardinca.

Todo esto, más la dura experiencia, lo convirtieron en una criatura temible.

Vse to, skupaj s težkimi izkušnjami, ga je naredilo za strašljivo bitje.

Era tan formidable como cualquier bestia que vagaba por las tierras salvajes del norte.

Bil je tako mogočen kot katera koli zver, ki je tavala po severni divjini.

Viviendo sólo de carne, Buck alcanzó el máximo nivel de su fuerza.

Živel je samo od mesa in dosegel vrhunec svoje moči.

Rebosaba poder y fuerza masculina en cada fibra de él.

V vsakem vlaknu je prekipeval od moči in moške sile.

Cuando Thornton le acarició la espalda, sus pelos brillaron con energía.

Ko ga je Thornton pogladil po hrbtu, so se mu dlake zaiskrile od energije.

Cada cabello crujió, cargado con el toque de un magnetismo vivo.

Vsak las je prasketal, nabit z dotikom živega magnetizma.

Su cuerpo y su cerebro estaban afinados al máximo nivel posible.

Njegovo telo in možgani so bili uglašeni na najfinejši možen ton.

Cada nervio, fibra y músculo trabajaba en perfecta armonía.

Vsak živec, vlakno in mišica je delovala v popolni harmoniji.

Ante cualquier sonido o visión que requiriera acción, él respondía instantáneamente.

Na vsak zvok ali prizor, ki je zahteval ukrepanje, se je odzval takoj.

Si un husky saltaba para atacar, Buck podía saltar el doble de rápido.

Če bi haski skočil v napad, bi Buck lahko skočil dvakrat hitreje.

Reaccionó más rápido de lo que los demás pudieron verlo o escuchar.

Odzval se je hitreje, kot so ga drugi sploh lahko videli ali slišali.

La percepción, la decisión y la acción se produjeron en un momento fluido.

Zaznavanje, odločitev in dejanje so se zgodili v enem samem tekočem trenutku.

En realidad, estos actos fueron separados, pero demasiado rápidos para notarlos.

V resnici so bila ta dejanja ločena, vendar prehitra, da bi jih opazili.

Los intervalos entre estos actos fueron tan breves que parecían uno solo.

Presledki med temi dejanji so bili tako kratki, da so se zdeli kot eno.

Sus músculos y su ser eran como resortes fuertemente enrollados.

Njegove mišice in bitje so bili kot tesno napete vzmeti.

Su cuerpo rebosaba de vida, salvaje y alegre en su poder.

Njegovo telo je kipelo od življenja, divje in radostno v svoji moči.

A veces sentía como si la fuerza fuera a estallar fuera de él por completo.

Včasih se mu je zdelo, kot da ga bo ta sila povsem izpustila.

"Nunca vi un perro así", dijo Thornton un día tranquilo.

»Nikoli ni bilo takega psa,« je nekega mirnega dne rekel Thornton.

Los socios observaron a Buck alejarse orgullosamente del campamento.

Partnerja sta opazovala Bucka, ki je ponosno korakal iz tabora.

"Cuando lo crearon, cambió lo que un perro puede ser", dijo Pete.

"Ko je bil ustvarjen, je spremenil, kaj pes lahko je," je dejal Pete.

—¡Por Dios! Yo también lo creo —respondió Hans rápidamente.

„Pri Jezusu! Tudi jaz tako mislim," se je Hans hitro strinjal.

Lo vieron marcharse, pero no el cambio que vino después.

Videli so ga oditi, ne pa tudi spremembe, ki je prišla zatem.

Tan pronto como entró en el bosque, Buck se transformó por completo.

Takoj ko je vstopil v gozd, se je Buck popolnoma preobrazil.

Ya no marchaba, sino que se movía como un fantasma salvaje entre los árboles.

Ni več korakal, ampak se je premikal kot divji duh med drevesi.

Se quedó en silencio, con pasos de gato, un destello que pasaba entre las sombras.

Postal je tih, mačje noge so se premikale, kot blisk, ki je švignil skozi sence.

Utilizó la cubierta con habilidad, arrastrándose sobre su vientre como una serpiente.

Spretno se je skrival in se plazil po trebuhu kot kača.

Y como una serpiente, podía saltar hacia adelante y atacar en silencio.

In kot kača je lahko skočil naprej in udaril v tišini.

Podría robar una perdiz nival directamente de su nido escondido.

Lahko bi ukradel belorepo naravnost iz njenega skritega gnezda.

Mató conejos dormidos sin hacer un solo sonido.

Speče zajce je ubil brez enega samega glasu.

Podía atrapar ardillas en el aire cuando huían demasiado lentamente.

Veverice je lahko ujel v zraku, saj so bežale prepočasi.

Ni siquiera los peces en los estanques podían escapar de sus ataques repentinos.

Celo ribe v tolmunih se niso mogle izogniti njegovim nenadnim napadom.

Ni siquiera los castores más inteligentes que arreglaban presas estaban a salvo de él.

Niti pametni bobri, ki so popravljali jezove, niso bili varni pred njim.

Él mataba por comida, no por diversión, pero prefería matar a sus propias víctimas.
Ubijal je za hrano, ne za zabavo – a najraje je ubijal sam.
Aun así, un humor astuto impregnaba algunas de sus cacerías silenciosas.
Vseeno pa je skozi nekatere njegove tihe love prežemal pridih pretkanega humorja.
Se acercó sigilosamente a las ardillas, pero las dejó escapar.
Priplazil se je blizu veveric, le da bi jih pustil pobegniti.
Iban a huir hacia los árboles, parloteando con terrible indignación.
Zbežali so med drevesa in se prestrašeno in besno klepetali.
A medida que llegaba el otoño, los alces comenzaron a aparecer en mayor número.
Z nastopom jeseni so se losi začeli pojavljati v večjem številu.
Avanzaron lentamente hacia los valles bajos para encontrarse con el invierno.
Počasi so se premikali v nizke doline, da bi pričakali zimo.
Buck ya había derribado a un ternero joven y perdido.
Buck je že uplenil enega mladega, potepuškega teliČka.
Pero anhelaba enfrentarse a presas más grandes y peligrosas.
Vendar si je hrepenel po soočenju z večjim, nevarnejšim plenom.
Un día, en la divisoria, a la altura del nacimiento del arroyo, encontró su oportunidad.
Nekega dne na razvodju, na izviru potoka, je našel svojo priložnost.
Una manada de veinte alces había cruzado desde tierras boscosas.
Čreda dvajsetih losov je prečkala gozdnate predele.
Entre ellos había un poderoso toro; el líder del grupo.
Med njimi je bil mogočen bik; vodja skupine.
El toro medía más de seis pies de alto y parecía feroz y salvaje.
Bik je bil visok več kot šest metrov in je bil videti divji in divji.
Lanzó sus anchas astas, con catorce puntas ramificándose hacia afuera.

Vrgel je svoje široke rogove, ki so se razvejali navzven s štirinajstimi konicami.

Las puntas de esas astas se extendían siete pies de ancho.

Konice teh rogov so se raztezale dva metra v širino.

Sus pequeños ojos ardieron de rabia cuando vio a Buck cerca.

Njegove majhne oči so gorele od besa, ko je v bližini opazil Bucka.

Soltó un rugido furioso, temblando de furia y dolor.

Izpustil je besen rjoveč glas, trepetajoč od besa in bolečine.

Una punta de flecha sobresalía cerca de su flanco, emplumada y afilada.

Blizu njegovega boka je štrlela konica puščice, pernata in ostra.

Esta herida ayudó a explicar su humor salvaje y amargado.

Ta rana je pomagala razložiti njegovo divje, zagrenjeno razpoloženje.

Buck, guiado por su antiguo instinto de caza, hizo su movimiento.

Buck, voden od starodavnega lovskega nagona, je naredil svojo potezo.

Su objetivo era separar al toro del resto de la manada.

Njegov cilj je bil ločiti bika od preostale črede.

No fue una tarea fácil: requirió velocidad y una astucia feroz.

To ni bila lahka naloga – zahtevala je hitrost in izjemno zvitost.

Ladró y bailó cerca del toro, fuera de su alcance.

Lajal je in plesal blizu bika, tik izven dosega.

El alce atacó con enormes pezuñas y astas mortales.

Los se je pognal z ogromnimi kopiti in smrtonosnimi rogovji.

Un golpe podría haber acabado con la vida de Buck en un instante.

En sam udarec bi lahko Buckovo življenje končal v trenutku.

Incapaz de dejar atrás la amenaza, el toro se volvió loco.

Bik se ni mogel znebiti grožnje in je postal besen.

Él cargó con furia, pero Buck siempre se le escapaba.

V besu je planil, a Buck se je vedno izmuznil.

Buck fingió debilidad, lo que lo alejó aún más de la manada.

Buck se je pretvarjal, da je slab, in ga zvabil dlje od črede.

Pero los toros jóvenes estaban a punto de atacar para proteger al líder.

Toda mladi biki so se nameravali vrniti v napad, da bi zaščitili vodjo.

Obligaron a Buck a retirarse y al toro a reincorporarse al grupo.

Prisilili so Bucka, da se umakne, bika pa, da se ponovno pridruži skupini.

Hay una paciencia en lo salvaje, profunda e imparable.

V divjini obstaja potrpežljivost, globoka in neustavljiva.

Una araña espera inmóvil en su red durante incontables horas.

Pajek negibno čaka v svoji mreži nešteto ur.

Una serpiente se enrosca sin moverse y espera hasta que llega el momento.

Kača se zvije brez trzanja in čaka, da pride čas.

Una pantera acecha hasta que llega el momento.

Panter preži v zasedi, dokler ne pride pravi trenutek.

Ésta es la paciencia de los depredadores que cazan para sobrevivir.

To je potrpežljivost plenilcev, ki lovijo, da bi preživeli.

Esa misma paciencia ardía dentro de Buck mientras se quedaba cerca.

Ista potrpežljivost je gorela v Bucku, ko je ostal blizu.

Se quedó cerca de la manada, frenando su marcha y sembrando el miedo.

Ostal je blizu črede, upočasnjeval njen korak in vzbujal strah.

Provocaba a los toros jóvenes y acosaba a las vacas madres.

Dražil je mlade bike in nadlegoval krave matere.

Empujó al toro herido hacia una rabia más profunda e impotente.

Ranjenega bika je spravil v še globljo, nemočno jezo.

Durante medio día, la lucha se prolongó sin descanso alguno.

Pol dneva se je boj vlekel brez počitka.

Buck atacó desde todos los ángulos, rápido y feroz como el viento.

Buck je napadel z vseh strani, hiter in divji kot veter.

Impidió que el toro descansara o se escondiera con su manada.

Preprečeval je biku, da bi se počival ali skrival s svojo čredo.

Buck desgastó la voluntad del alce más rápido que su cuerpo.

Buck je losovo voljo izčrpal hitreje kot njegovo telo.

El día transcurrió y el sol se hundió en el cielo del noroeste.

Dan je minil in sonce je nizko zašlo na severozahodnem nebu.

Los toros jóvenes regresaron más lentamente para ayudar a su líder.

Mladi biki so se počasneje vračali, da bi pomagali svojemu vodji.

Las noches de otoño habían regresado y la oscuridad ahora duraba seis horas.

Jesenske noči so se vrnile in tema je zdaj trajala šest ur.

El invierno los estaba empujando cuesta abajo hacia valles más seguros y cálidos.

Zima jih je gnala navzdol v varnejše, toplejše doline.

Pero aún así no pudieron escapar del cazador que los retenía.

Vendar še vedno niso mogli pobegniti lovcu, ki jih je zadrževal.

Sólo una vida estaba en juego: no la de la manada, sino la de su líder.

Na kocki je bilo samo eno življenje – ne življenje črede, ampak le življenje njihovega vodje.

Eso hizo que la amenaza fuera distante y no su preocupación urgente.

Zaradi tega je bila grožnja oddaljena in ni bila njihova nujna skrb.

Con el tiempo, aceptaron ese coste y dejaron que Buck se llevara al viejo toro.

Sčasoma so sprejeli to ceno in pustili Bucku, da vzame starega bika.

Al caer la tarde, el viejo toro permanecía con la cabeza gacha.

Ko se je spustil mrak, je stari bik stal s sklonjeno glavo.

Observó cómo la manada que había guiado se desvanecía en la luz que se desvanecía.

Gledal je, kako čreda, ki jo je vodil, izginja v bledeči svetlobi.

Había vacas que había conocido, terneros que una vez había engendrado.

Bile so krave, ki jih je poznal, teleta, katerih oče je bil nekoč.

Había toros más jóvenes con los que había luchado y gobernado en temporadas pasadas.

V preteklih sezonah se je boril in vladal z mlajšimi biki.

No pudo seguirlos, pues frente a él estaba agazapado nuevamente Buck.

Ni jim mogel slediti – pred njim se je spet sklanjal Buck.

El terror despiadado con colmillos bloqueó cualquier camino que pudiera tomar.

Neusmiljena groza z zobmi mu je blokirala vsako pot, ki bi jo lahko ubral.

El toro pesaba más de trescientos kilos de densa potencia.

Bik je tehtal več kot tristo kilogramov goste moči.

Había vivido mucho tiempo y luchado con ahínco en un mundo de luchas.

Živel je dolgo in se trdo boril v svetu bojev.

Pero ahora, al final, la muerte vino de una bestia muy inferior a él.

Pa vendar je zdaj, na koncu, smrt prišla od zveri, ki je bila daleč pod njim.

La cabeza de Buck ni siquiera llegó a alcanzar las enormes rodillas del toro.

Buckova glava se ni dvignila niti do bikovih ogromnih, s členki prekrižanih kolen.

A partir de ese momento, Buck permaneció con el toro noche y día.

Od tistega trenutka naprej je Buck ostal z bikom noč in dan.

Nunca le dio descanso, nunca le permitió pastar ni beber.

Nikoli mu ni dal počitka, nikoli mu ni dovolil pasti ali piti.

El toro intentó comer brotes tiernos de abedul y hojas de sauce.

Bik je poskušal jesti mlade brezove poganjke in vrbove liste.

Pero Buck lo ahuyentó, siempre alerta y siempre atacando.

Toda Buck ga je odgnal, vedno pozoren in vedno napadajoč.

Incluso ante arroyos que goteaban, Buck bloqueó cada intento de sed.

Tudi ob tekočih potokih je Buck blokiral vsak žejni poskus.

A veces, desesperado, el toro huía a toda velocidad.

Včasih je bik v obupu zbežal s polno hitrostjo.

Buck lo dejó correr, trotando tranquilamente detrás, nunca muy lejos.

Buck ga je pustil teči, mirno je tekel tik za njim, nikoli preveč daleč.

Cuando el alce se detuvo, Buck se acostó, pero se mantuvo listo.

Ko se je los ustavil, se je Buck ulegel, a ostal pripravljen.

Si el toro intentaba comer o beber, Buck atacaba con toda furia.

Če je bik poskušal jesti ali piti, je Buck udaril z vso jezo.

La gran cabeza del toro se hundió aún más bajo sus enormes astas.

Bikova velika glava se je pod ogromnimi rogovi povesila še nižje.

Su paso se hizo más lento, el trote se hizo pesado, un paso tambaleante.

Njegov tempo se je upočasnil, kas je postal težak; spotikajoča se hoja.

A menudo se quedaba quieto con las orejas caídas y la nariz pegada al suelo.

Pogosto je stal pri miru s povešenimi ušesi in smrčkom do tal.

Durante esos momentos, Buck se tomó tiempo para beber y descansar.

V teh trenutkih si je Buck vzel čas za pijačo in počitek.

Con la lengua afuera y los ojos fijos, Buck sintió que la tierra estaba cambiando.

Z iztegnjenim jezikom in uprtim pogledom je Buck čutil, da se dežela spreminja.

Sintió algo nuevo moviéndose a través del bosque y el cielo.

Čutil je nekaj novega, kako se premika skozi gozd in nebo.

A medida que los alces regresaban, también lo hacían otras criaturas salvajes.

Ko so se vrnili losi, so se vrnila tudi druga divja bitja.

La tierra se sentía viva, con presencia, invisible pero fuertemente conocida.

Dežela je bila živa od prisotnosti, nevidna, a močno znana.

No fue por el sonido, ni por la vista, ni por el olfato que Buck supo esto.

Buck tega ni vedel ne po zvoku, ne po vidu, ne po vonju.

Un sentimiento más profundo le decía que nuevas fuerzas estaban en movimiento.

Globlji čut mu je govoril, da se premikajo nove sile.

Una vida extraña se agitaba en los bosques y a lo largo de los arroyos.

Čudno življenje se je prebijalo po gozdovih in ob potokih.

Decidió explorar este espíritu, después de que la caza se completara.

Odločil se je, da bo po končanem lovu raziskal tega duha.

Al cuarto día, Buck finalmente logró derribar al alce.

Četrti dan je Buck končno ujel losa.

Se quedó junto a la presa durante un día y una noche enteros, alimentándose y descansando.

Cel dan in noč je ostal ob plenu, se hranil in počival.

Comió, luego durmió, luego volvió a comer, hasta que estuvo fuerte y lleno.

Jedel je, nato spal, nato spet jedel, dokler ni bil močan in sit.

Cuando estuvo listo, regresó hacia el campamento y Thornton.

Ko je bil pripravljen, se je obrnil nazaj proti taboru in Thorntonu.

Con ritmo constante, inició el largo viaje de regreso a casa.

Z enakomernim tempom se je podal na dolgo pot domov.

Corría con su incansable galope, hora tras hora, sin desviarse jamás.

Tekel je v svojem neutrudnem skakanju, uro za uro, nikoli ne skrenil z poti.

A través de tierras desconocidas, se movió recto como la aguja de una brújula.

Skozi neznane dežele se je gibal naravnost kot igla kompasa.

Su sentido de la orientación hacía que el hombre y el mapa parecieran débiles en comparación.

Njegov občutek za orientacijo je v primerjavi z njim delal človeka in zemljevid šibka.

A medida que Buck corría, sentía con más fuerza la agitación en la tierra salvaje.

Ko je Buck tekel, je močneje čutil gibanje v divjini.

Era un nuevo tipo de vida, diferente a la de los tranquilos meses de verano.

Bilo je novo življenje, drugačno od tistega v mirnih poletnih mesecih.

Este sentimiento ya no llegaba como un mensaje sutil o distante.

Ta občutek ni več prihajal kot subtilno ali oddaljeno sporočilo.

Ahora los pájaros hablaban de esta vida y las ardillas parloteaban sobre ella.

Zdaj so ptice govorile o tem življenju, veverice pa so klepetale o njem.

Incluso la brisa susurraba advertencias a través de los árboles silenciosos.

Celo vetrič je šepetal opozorila skozi tiha drevesa.

Varias veces se detuvo y olió el aire fresco de la mañana.

Nekajkrat se je ustavil in povohal svež jutranji zrak.

Allí leyó un mensaje que le hizo avanzar más rápido.

Tam je prebral sporočilo, zaradi katerega je hitreje skočil naprej.

Una fuerte sensación de peligro lo llenó, como si algo hubiera salido mal.

Preplavil ga je močan občutek nevarnosti, kot da bi šlo nekaj narobe.

Temía que se avecinara una calamidad, o que ya hubiera ocurrido.

Bal se je, da prihaja nesreča – ali pa je že prišla.

Cruzó la última cresta y entró en el valle de abajo.

Prečkal je zadnji greben in vstopil v dolino spodaj.

Se movió más lentamente, alerta y cauteloso con cada paso.

Premikal se je počasneje, pozoren in previden z vsakim korakom.

A tres millas de distancia encontró un nuevo rastro que lo hizo ponerse rígido.

Tri milje stran je našel svežo sled, ki ga je otrdela.

El cabello de su cuello se onduló y se erizó en señal de alarma.

Dlake vzdolž njegovega vratu so se naježile in nakostrile od prestrašenosti.

El sendero conducía directamente al campamento donde Thornton esperaba.

Pot je vodila naravnost proti taboru, kjer je čakal Thornton.

Buck se movió más rápido ahora, su paso era silencioso y rápido.

Buck se je zdaj premikal hitreje, njegov korak je bil hkrati tih in hiter.

Sus nervios se tensaron al leer señales que otros no verían.

Živci so se mu napeli, ko je prebral znake, ki jih bodo drugi spregledali.

Cada detalle del recorrido contaba una historia, excepto la pieza final.

Vsaka podrobnost na poti je pripovedovala zgodbo – razen zadnjega dela.

Su nariz le contaba sobre la vida que había transcurrido por allí.

Njegov nos mu je pripovedoval o življenju, ki je minilo to pot.

El olor le dio una imagen cambiante mientras lo seguía de cerca.

Vonj mu je dal spreminjajočo se sliko, ko mu je sledil tesno za hrbtom.

Pero el bosque mismo había quedado en silencio; anormalmente quieto.

Toda gozd sam je utihnil; nenaravno miren.

Los pájaros habían desaparecido, las ardillas estaban escondidas, silenciosas y quietas.

Ptice so izginile, veverice so bile skrite, tihe in mirne.

Sólo vio una ardilla gris, tumbada sobre un árbol muerto.

Videl je samo eno sivo veverico, ki je ležala na mrtvem drevesu.

La ardilla se mimetizó, rígida e inmóvil como una parte del bosque.

Veverica se je zlila z nami, toga in negibna kot del gozda.

Buck se movía como una sombra, silencioso y seguro entre los árboles.

Buck se je premikal kot senca, tiho in samozavestno skozi drevesa.

Su nariz se movió hacia un lado como si una mano invisible la tirara.

Njegov nos se je sunkovito nagnil vstran, kot bi ga potegnila nevidna roka.

Se giró y siguió el nuevo olor hasta lo profundo de un matorral.

Obrnil se je in sledil novemu vonju globoko v goščavo.

Allí encontró a Nig, que yacía muerto, atravesado por una flecha.

Tam je našel Niga, ki je ležal mrtev, preboden s puščico.

La flecha atravesó su cuerpo y aún se le veían las plumas.

Strela je prešla skozi njegovo telo, perje je bilo še vedno vidno.

Nig se arrastró hasta allí, pero murió antes de llegar para recibir ayuda.

Nig se je tja privlekel, a je umrl, preden je prišel na pomoč.

Cien metros más adelante, Buck encontró otro perro de trineo.

Sto metrov naprej je Buck našel še enega vlečnega psa.

Era un perro que Thornton había comprado en Dawson City.

Bil je pes, ki ga je Thornton kupil v Dawson Cityju.

El perro se encontraba en una lucha a muerte, agitándose con fuerza en el camino.

Pes se je boril na smrt in se močno prebijal po poti.

Buck pasó a su alrededor, sin detenerse, con los ojos fijos hacia adelante.

Buck je šel okoli njega, se ni ustavil, z očmi, uprtimi predse.

Desde la dirección del campamento llegaba un canto distante y rítmico.

Iz smeri tabora se je slišalo oddaljeno, ritmično petje.

Las voces subían y bajaban en un tono extraño, inquietante y cantarín.

Glasovi so se dvigovali in spuščali v nenavadnem, srhljivem, pojočem tonu.

Buck se arrastró hacia el borde del claro en silencio.

Buck se je molče plazil naprej do roba jase.

Allí vio a Hans tendido boca abajo, atravesado por muchas flechas.

Tam je zagledal Hansa, ki je ležal z obrazom navzdol, preboden s številnimi puščicami.

Su cuerpo parecía el de un puercoespín, erizado de plumas.

Njegovo telo je bilo videti kot ježevec, poln pernatih dlak.

En ese mismo momento, Buck miró hacia la cabaña en ruinas.

V istem trenutku je Buck pogledal proti porušeni koči.

La visión hizo que se le erizara el pelo de la nuca y de los hombros.

Ob pogledu se mu je naježil las na vratu in ramenih.

Una tormenta de furia salvaje recorrió todo el cuerpo de Buck.

Bucka je preplavil izbruh divje jeze.

Gruñó en voz alta, aunque no sabía que lo había hecho.

Glasno je zarenčal, čeprav tega ni vedel.

El sonido era crudo, lleno de furia aterradora y salvaje.

Zvok je bil surov, poln grozljive, divje jeze.

Por última vez en su vida, Buck perdió la razón ante la emoción.

Buck je zadnjič v življenju izgubil razum za čustva.

Fue el amor por John Thornton lo que rompió su cuidadoso control.

Ljubezen do Johna Thorntona je bila tista, ki je zlomila njegov skrbni nadzor.

Los Yeehats estaban bailando alrededor de la cabaña de abetos en ruinas.

Yeehati so plesali okoli porušene smrekove koče.

Entonces se escuchó un rugido y una bestia desconocida cargó hacia ellos.

Nato se je zaslišalo rjovenje – in neznana zver se je pognala proti njim.

Era Buck; una furia en movimiento; una tormenta viviente de venganza.

Bil je Buck; bes v gibanju; živa nevihta maščevanja.

Se arrojó en medio de ellos, loco por la necesidad de matar.

Vrgel se je mednje, nor od potrebe po ubijanju.

Saltó hacia el primer hombre, el jefe Yeehat, y acertó.

Skočil je na prvega moža, poglavarja Yeehatov, in udaril naravnost v polno.

Su garganta fue desgarrada y la sangre brotó a chorros.

Grlo mu je bilo raztrgano in kri je brizgala v curku.

Buck no se detuvo, sino que desgarró la garganta del siguiente hombre de un salto.

Buck se ni ustavil, ampak je z enim skokom pretrgal grlo naslednjemu moškemu.

Era imparable: desgarraba, cortaba y nunca se detenía a descansar.

Bil je neustavljiv – trgal je, sekal in se nikoli ni ustavil, da bi počival.

Se lanzó y saltó tan rápido que sus flechas no pudieron tocarlo.

Tako hitro je skočil in poskočil, da ga njihove puščice niso mogle doseči.

Los Yeehats estaban atrapados en su propio pánico y confusión.

Yeehate je ujela lastna panika in zmeda.

Sus flechas no alcanzaron a Buck y se alcanzaron entre sí.

Njune puščice so zgrešile Bucka in namesto tega zadele druga drugo.

Un joven le lanzó una lanza a Buck y golpeó a otro hombre.

Neki mladenič je vrgel sulico v Bucka in zadel drugega moškega.

La lanza le atravesó el pecho y la punta le atravesó la espalda.

Sulica mu je zadela prsi, konica pa mu je prebila hrbet.

El terror se apoderó de los Yeehats y se retiraron por completo.

Yeehate je preplavil groza in so se začeli popolnoma umikati.

Gritaron al Espíritu Maligno y huyeron hacia las sombras del bosque.

Zakričali so zaradi zlega duha in zbežali v gozdne sence.

En verdad, Buck era como un demonio mientras perseguía a los Yeehats.

Resnično, Buck je bil kot demon, ko je preganjal Yeehatse.

Él los persiguió a través del bosque, derribándolos como si fueran ciervos.

Drvel je za njimi skozi gozd in jih podiral na tla kakor jelene.

Se convirtió en un día de destino y terror para los asustados Yeehats.

Za prestrašene Yeehate je postal dan usode in groze.

Se dispersaron por toda la tierra, huyendo lejos en todas direcciones.

Razkropili so se po deželi in bežali daleč na vse strani.

Pasó una semana entera antes de que los últimos supervivientes se reunieran en un valle.

Minil je cel teden, preden so se zadnji preživeli srečali v dolini.

Sólo entonces contaron sus pérdidas y hablaron de lo sucedido.

Šele nato so prešteli svoje izgube in spregovorili o tem, kaj se je zgodilo.

Buck, después de cansarse de la persecución, regresó al campamento en ruinas.

Buck se je, potem ko se je naveličal zasledovanja, vrnil v porušen tabor.

Encontró a Pete, todavía en sus mantas, muerto en el primer ataque.

Peta je našel ubitega v prvem napadu, še vedno v odejah.

Las señales de la última lucha de Thornton estaban marcadas en la tierra cercana.

Sledi Thorntonovega zadnjega boja so bili vidni v bližnji umazaniji.

Buck siguió cada rastro, olfateando cada marca hasta un punto final.

Buck je sledil vsaki sledi in jo vohal do končne točke.

En el borde de un estanque profundo, encontró al fiel Skeet, tumbado inmóvil.

Na robu globokega tolmuna je našel zvestega Skeeta, ki je mirno ležal.

La cabeza y las patas delanteras de Skeet estaban en el agua, inmóviles por la muerte.

Skeetova glava in sprednje šape so bile v vodi, negibne kot smrt.

La piscina estaba fangosa y contaminada por el agua que salía de las compuertas.

Bazen je bil blaten in onesnažen z odtokom iz zapornic.

Su superficie nublada ocultaba lo que había debajo, pero Buck sabía la verdad.

Njegova oblačna površina je skrivala, kar je ležalo spodaj, toda Buck je poznal resnico.

Siguió el rastro del olor de Thornton hasta la piscina, pero el olor no lo condujo a ningún otro lugar.

Sledil je Thorntonovemu vonju v bazen – toda vonj ga ni vodil nikamor drugam.

No había ningún olor que indicara que salía, solo el silencio de las aguas profundas.

Noben vonj ni vodil ven – le tišina globoke vode.

Buck permaneció todo el día cerca de la piscina, paseando de un lado a otro del campamento con tristeza.

Ves dan je Buck ostal blizu tolmuna in žalosten hodil po taboru.

Vagaba inquieto o permanecía sentado en silencio, perdido en pesados pensamientos.

Nemirno je taval ali pa je sedel v tišini, zatopljen v težke misli.

Él conocía la muerte; el fin de la vida; la desaparición de todo movimiento.

Poznal je smrt; konec življenja; izginotje vsega gibanja.

Comprendió que John Thornton se había ido y que nunca regresaría.

Razumel je, da je John Thornton odšel in se ne bo nikoli vrnil.

La pérdida dejó en él un vacío que palpitaba como el hambre.

Izguba je v njem pustila prazen prostor, ki je utripal kot lakota.

Pero ésta era un hambre que la comida no podía calmar, por mucho que comiera.

Ampak to je bila lakota, ki je hrana ni mogla potešiti, ne glede na to, koliko jo je pojedel.

A veces, mientras miraba a los Yeehats muertos, el dolor se desvanecía.

Včasih je bolečina popustila, ko je pogledal mrtve Yeehate.

Y entonces un orgullo extraño surgió dentro de él, feroz y completo.

In potem se je v njem dvignil čuden ponos, silovit in popoln.

Había matado al hombre, la presa más alta y peligrosa de todas.

Ubil je človeka, kar je bila najvišja in najnevarnejša igra od vseh.

Había matado desafiando la antigua ley del garrote y el colmillo.

Ubijal je v nasprotju s starodavnim zakonom palice in zob.

Buck olió sus cuerpos sin vida, curioso y pensativo.

Buck je radoveden in zamišljen ovohal njihova neživega telesa.

Habían muerto con tanta facilidad, mucho más fácil que un husky en una pelea.

Tako zlahka so umrli – veliko lažje kot haski v boju.

Sin sus armas, no tenían verdadera fuerza ni representaban una amenaza.

Brez orožja niso imeli ne prave moči ne grožnje.

Buck nunca volvería a temerles, a menos que estuvieran armados.

Buck se jih ne bo nikoli več bal, razen če bodo oboroženi.

Sólo tenía cuidado cuando llevaban garrotes, lanzas o flechas.

Le če so nosili kije, sulice ali puščice, je bil previden.

Cayó la noche y la luna llena se elevó por encima de las copas de los árboles.
Padla je noč in polna luna se je dvignila visoko nad vrhovi dreves.
La pálida luz de la luna bañaba la tierra con un resplandor suave y fantasmal, como el del día.
Bleda lunina svetloba je obsijala zemljo z mehkim, duhovitim sijem, podobnim dnevu.
A medida que la noche avanzaba, Buck seguía de luto junto al estanque silencioso.
Ko se je noč zgostila, je Buck še vedno žaloval ob tihem tolmunu.
Entonces se dio cuenta de que había un movimiento diferente en el bosque.
Potem je zaznal drugačno gibanje v gozdu.
El movimiento no provenía de los Yeehats, sino de algo más antiguo y más profundo.
Vznemirjenje ni prihajalo od Yeehatov, temveč od nečesa starejšega in globljega.
Se puso de pie, con las orejas levantadas y la nariz palpando la brisa con cuidado.
Vstal je, privzdignil ušesa in previdno z nosom preizkusil vetrič.
Desde lejos llegó un grito débil y agudo que rompió el silencio.
Od daleč se je zaslišal rahel, oster krik, ki je prerezal tišino.
Luego, un coro de gritos similares siguió de cerca al primero.
Nato se je tik za prvim zaslišal zbor podobnih krikov.
El sonido se acercaba cada vez más y se hacía más fuerte a cada momento que pasaba.
Zvok se je bližal in z vsakim trenutkom postajal glasnejši.
Buck conocía ese grito: venía de ese otro mundo en su memoria.
Buck je poznal ta krik – prihajal je iz tistega drugega sveta v njegovem spominu.

Caminó hasta el centro del espacio abierto y escuchó atentamente.
Stopil je do središča odprtega prostora in pozorno prisluhnil.
El llamado resonó, múltiple y más poderoso que nunca.
Klic se je razlegel, mnogoglasen in močnejši kot kdaj koli prej.
Y ahora, más que nunca, Buck estaba listo para responder a su llamado.
In zdaj, bolj kot kdaj koli prej, je bil Buck pripravljen odgovoriti na svoj klic.
John Thornton había muerto y ya no tenía ningún vínculo con el hombre.
John Thornton je bil mrtev in v njem ni ostalo nobene vezi s človekom.
El hombre y todos sus derechos humanos habían desaparecido: él era libre por fin.
Človek in vse človeške zahteve so izginile – končno je bil svoboden.
La manada de lobos estaba persiguiendo carne como lo hicieron alguna vez los Yeehats.
Volčji krdelo je lovilo meso, tako kot so to nekoč počeli Yeehati.
Habían seguido a los alces desde las tierras boscosas.
Sledili so losom iz gozdnatih območij.
Ahora, salvajes y hambrientos de presa, cruzaron hacia su valle.
Zdaj so, divji in lačni plena, prečkali njegovo dolino.
Llegaron al claro iluminado por la luna, fluyendo como agua plateada.
Prišli so na mesečino obsijano jaso, tekoči kot srebrna voda.
Buck permaneció quieto en el centro, inmóvil y esperándolos.
Buck je negibno stal na sredini in jih čakal.
Su tranquila y gran presencia dejó a la manada en un breve silencio.
Njegova mirna, velika prisotnost je osupnila krdelo v kratek molk.
Entonces el lobo más atrevido saltó hacia él sin dudarlo.

Nato je najdrznejši volk brez oklevanja skočil naravnost vanj.

Buck atacó rápidamente y rompió el cuello del lobo de un solo golpe.

Buck je udaril hitro in z enim samim udarcem zlomil volku vrat.

Se quedó inmóvil nuevamente mientras el lobo moribundo se retorcía detrás de él.

Spet je negibno stal, ko se je umirajoči volk zvil za njim.

Tres lobos más atacaron rápidamente, uno tras otro.

Še trije volkovi so hitro napadli, drug za drugim.

Todos retrocedieron sangrando, con la garganta o los hombros destrozados.

Vsak se je umaknil krvaveč, s prerezanim grlom ali rameni.

Eso fue suficiente para que toda la manada se lanzara a una carga salvaje.

To je bilo dovolj, da je celoten trop sprožil divji napad.

Se precipitaron juntos, demasiado ansiosos y apiñados para golpear bien.

Skupaj so planili noter, preveč zagnani in natrpani, da bi dobro udarili.

La velocidad y habilidad de Buck le permitieron mantenerse por delante del ataque.

Buckova hitrost in spretnost sta mu omogočila, da je ostal pred napadom.

Giró sobre sus patas traseras, chasqueando y golpeando en todas direcciones.

Vrtel se je na zadnjih nogah, škljajal in udarjal v vse smeri.

Para los lobos, esto parecía como si su defensa nunca se abriera ni flaqueara.

Volkovom se je zdelo, kot da se njegova obramba nikoli ni odprla ali omahovala.

Se giró y atacó tan rápido que no pudieron alcanzarlo.

Obrnil se je in tako hitro zamahnil, da mu niso mogli za hrbet.

Sin embargo, su número le obligó a ceder terreno y retroceder.

Kljub temu ga je njihovo število prisililo, da je popustil in se umaknil.

Pasó junto a la piscina y bajó al lecho rocoso del arroyo.

Premaknil se je mimo tolmuna in se spustil v skalnato strugo potoka.

Allí se topó con un empinado banco de grava y tierra.

Tam je naletel na strm breg, poln gramoza in zemlje.

Se metió en un rincón cortado durante la antigua excavación de los mineros.

Med starim kopanjem rudarjev se je zaril v kotni rez.

Ahora, protegido por tres lados, Buck se enfrentaba únicamente al lobo frontal.

Zdaj, zaščiten s treh strani, se je Buck soočal le s sprednjim volkom.

Allí se mantuvo a raya, listo para la siguiente ola de asalto.

Tam je stal na varni razdalji, pripravljen na naslednji val napada.

Buck se mantuvo firme con tanta fiereza que los lobos retrocedieron.

Buck je tako vztrajno vztrajal, da so se volkovi umaknili.

Después de media hora, estaban agotados y visiblemente derrotados.

Po pol ure so bili izčrpani in vidno poraženi.

Sus lenguas colgaban y sus colmillos blancos brillaban a la luz de la luna.

Njihovi jeziki so viseli, njihovi beli zobje so se lesketali v mesečini.

Algunos lobos se tumbaron, con la cabeza levantada y las orejas apuntando hacia Buck.

Nekaj volkov je leglo, dvignjenih glav in ušesa, napeta proti Bucku.

Otros permanecieron inmóviles, alertas y observando cada uno de sus movimientos.

Drugi so stali pri miru, pozorni in opazovali vsak njegov gib.

Algunos se acercaron a la piscina y bebieron agua fría.

Nekaj jih je odšlo do bazena in si napilo hladne vode.

Entonces un lobo gris, largo y delgado, se acercó sigilosamente.

Nato se je dolg, suh siv volk nežno priplazil naprej.

Buck lo reconoció: era el hermano salvaje de antes.
Buck ga je prepoznal – bil je tisti divji brat od prej.
El lobo gris gimió suavemente y Buck respondió con un gemido.
Sivi volk je tiho cvilil, Buck pa je odgovoril s cviljenjem.
Se tocaron las narices, en silencio y sin amenaza ni miedo.
Dotaknila sta se nosov, tiho in brez grožnje ali strahu.
Luego vino un lobo más viejo, demacrado y lleno de cicatrices por muchas batallas.
Sledil je starejši volk, shujšan in brazgotinjen od številnih bitk.
Buck empezó a gruñir, pero se detuvo y olió la nariz del viejo lobo.
Buck je začel renčati, a se je ustavil in povohal starega volka skozi nos.
El viejo se sentó, levantó la nariz y aulló a la luna.
Starec se je usedel, dvignil nos in zavil v luno.
El resto de la manada se sentó y se unió al largo aullido.
Preostali del krdela se je usedel in se pridružil dolgemu tuljenju.
Y ahora el llamado llegó a Buck, inconfundible y fuerte.
In zdaj je Buck zaslišal klic, nedvoumen in močan.
Se sentó, levantó la cabeza y aulló con los demás.
Sedel je, dvignil glavo in zavpil skupaj z drugimi.
Cuando terminaron los aullidos, Buck salió de su refugio rocoso.
Ko je tuljenje ponehalo, je Buck stopil iz svojega skalnatega zavetja.
La manada se cerró a su alrededor, olfateando con amabilidad y cautela.
Krdelo se je stisnilo okoli njega in prijazno in previdno ovohavalo.
Entonces los líderes dieron un grito y salieron corriendo hacia el bosque.
Nato so vodje kriknili in stekli v gozd.
Los demás lobos los siguieron, aullando a coro, salvajes y rápidos en la noche.

Drugi volkovi so jim sledili in v noči divje in hitro cvilili v zboru.

Buck corrió con ellos, al lado de su hermano salvaje, aullando mientras corría.

Buck je tekel z njimi, poleg svojega divjega brata, in med tekom tulil.

Aquí la historia de Buck llega bien a su fin.

Tukaj se zgodba o Bucku dobro konča.

En los años siguientes, los Yeehat notaron lobos extraños.

V naslednjih letih so Yeehati opazili čudne volkove.

Algunos tenían la cabeza y el hocico de color marrón y el pecho de color blanco.

Nekateri so imeli rjavo barvo na glavi in gobcu, belo na prsih.

Pero aún más temían una figura fantasmal entre los lobos.

Še bolj pa so se bali duhovne postave med volkovi.

Hablaban en susurros del Perro Fantasma, líder de la manada.

Šepetaje so govorili o duhovnem psu, vodji krdela.

Este perro fantasma tenía más astucia que el cazador Yeehat más audaz.

Ta pes duhov je bil bolj zvit kot najdrznejši lovec Yeehat.

El perro fantasma robó de los campamentos en pleno invierno y destrozó sus trampas.

Pes duh je sredi zime kradel iz taborišč in jim raztrgal pasti.

El perro fantasma mató a sus perros y escapó de sus flechas sin dejar rastro.

Pes duh je ubil njihove pse in brez sledu pobegnil pred njihovimi puščicami.

Incluso sus guerreros más valientes temían enfrentarse a este espíritu salvaje.

Celo njihovi najpogumnejši bojevniki so se bali soočiti s tem divjim duhom.

No, la historia se vuelve aún más oscura a medida que pasan los años en la naturaleza.

Ne, zgodba postaja še temnejša, ko leta minevajo v divjini.

Algunos cazadores desaparecen y nunca regresan a sus campamentos distantes.

Nekateri lovci izginejo in se nikoli več ne vrnejo v svoje oddaljene tabore.

Otros aparecen con la garganta abierta, muertos en la nieve.

Druge najdejo z raztrganimi grli, pobite v snegu.

Alrededor de sus cuerpos hay huellas más grandes que las que cualquier lobo podría dejar.

Okoli njihovih teles so sledi – večje od tistih, ki bi jih lahko naredil kateri koli volk.

Cada otoño, los Yeehats siguen el rastro del alce.

Vsako jesen Yeehati sledijo losu.

Pero evitan un valle con el miedo grabado en lo profundo de sus corazones.

Vendar se eni dolini izogibajo s strahom, globoko vrezanim v njihova srca.

Dicen que el valle fue elegido por el Espíritu Maligno para vivir.

Pravijo, da si je dolino za svoj dom izbral Zli duh.

Y cuando se cuenta la historia, algunas mujeres lloran junto al fuego.

In ko se zgodba pripoveduje, nekatere ženske jokajo ob ognju.

Pero en verano, un visitante llega a ese tranquilo valle sagrado.

Toda poleti pride v tisto tiho, sveto dolino en obiskovalec.

Los Yeehats no saben de él, ni tampoco pueden entenderlo.

Yeehati ga ne poznajo in ga tudi ne morejo razumeti.

El lobo es grande, revestido de gloria, como ningún otro de su especie.

Volk je velik, s slavo v dlaki, kakršnega ni v njegovi vrsti.

Él solo cruza el bosque verde y entra en el claro.

Sam prečka zelen gozd in vstopi na gozdno jaso.

Allí, el polvo dorado de los sacos de piel de alce se filtra en el suelo.

Tam se zlati prah iz vreč iz losove kože pronica v zemljo.

La hierba y las hojas viejas han ocultado el amarillo al sol.

Trava in staro listje sta skrila rumeno barvo pred soncem.

Aquí, el lobo permanece en silencio, pensando y recordando.
Tukaj volk stoji v tišini, razmišlja in se spominja.

Aúlla una vez, largo y triste, antes de darse la vuelta para irse.
Enkrat zavije – dolgo in žalostno – preden se obrne, da odide.

Pero no siempre está solo en la tierra del frío y la nieve.
Vendar ni vedno sam v deželi mraza in snega.

Cuando las largas noches de invierno descienden sobre los valles inferiores.
Ko se dolge zimske noči spustijo na spodnje doline.

Cuando los lobos persiguen a la presa a través de la luz de la luna y las heladas.
Ko volkovi sledijo divjadi skozi mesečino in zmrzal.

Luego corre a la cabeza del grupo, saltando alto y salvajemente.
Nato steče na čelu krdela, visoko in divje skače.

Su figura se eleva sobre las demás y su garganta está llena de canciones.
Njegova postava se dviga nad drugimi, njegovo grlo živo od pesmi.

Es la canción del mundo más joven, la voz de la manada.
To je pesem mlajšega sveta, glas krdela.

Canta mientras corre: fuerte, libre y eternamente salvaje.
Med tekom poje – močan, svoboden in večno divji.

www.ingramcontent.com/pod-product-compliance
Lightning Source LLC
Chambersburg PA
CBHW011731020426
42333CB00024B/2845

* 9 7 8 1 8 0 5 7 2 8 8 0 1 *